JOHANN HAUSER

JOHANN HAUSER
IM HINTERLAND DES HERZENS

Herausgegeben von
Carl Aigner und Helmut Zambo

Verlag Christian Brandstätter
Wien–München

Die Deutsche Bibliothek – Cip-Einheitsaufnahme
Ein Titelsatz für diese Publikation ist bei Der Deutschen Bibliothek erhältlich
ISBN 3-85498-096-5

Dieser Katalog erscheint anläßlich der Ausstellung „Johann Hauser – Im Hinterland des Herzens" in der Kunsthalle Krems vom 25. Februar bis 29. April 2001 sowie in der Collection de l'Art Brut Lausanne vom 18. Mai bis 30. September 2001. Die Ausstellung ist ein Kooperationsprojekt der Kunsthalle Krems und der Collection de l'Art Brut, Lausanne.

Veranstalter:
Kunsthalle Krems Betriebsges.m.b.H., A-3500 Krems-Stein, Franz-Zeller-Platz 3
Tel (+43-2732) 826 69-19, Fax (+43-2732) 826 69-16

Collection de l'Art Brut, CH-1004 Lausanne, Avenue des Bergières 11
Tel (+41-21) 647 54 35, Fax (+41-21) 648 55 21

Katalog:
Herausgeber: Carl Aigner, Helmut Zambo
Konzeption: Helmut Zambo
Produktionsleitung: Julia Kordina
Redaktion: Julia Kordina, Regina Stierschneider
Grafik-Design: schultz+schultz – Mediengestaltung, Wien
Lektorat: Elisabeth Hölzl
Technische Herstellung: Rudolf Metzger
Reprografie: Pixelstorm Kostal & Schindler OEG, Wien
Druck und Bindung: Druckerei Berger, Horn

Ausstellung:
Idee: Carl Aigner, Helmut Zambo
Kurator: Helmut Zambo

Kunsthalle Krems:
Leitung Ausstellungsorganisation: Julia Kordina
Ausstellungsorganisation: Jutta M. Pichler, Regina Stierschneider
Aufbauteam: Josef Aichinger, Michael Angerer, Norbert Kaltenhofer, Michael Prodinger, Karl Unterweger
Marketing und PR: Thomas Gludovatz, Martina Hackel, Gerhard Hintringer, Ines Juen

Collection de l'Art Brut:
Leitung: Michel Thévoz
Ausstellungsorganisation: Michel Thévoz, Geneviève Roulin, Stéphane Cancelli

1. Auflage
Copyright © 2001 für die Beiträge bei den Autoren
Copyright © 2001 für die Abbildungen der Werke von Johann Hauser bei den Erben von Johann Hauser
Copyright © 2001 für den Katalog bei Kunsthalle Krems und Christian Brandstätter Verlagsgesellschaft m.b.H.
Alle Rechte vorbehalten.

Alle Rechte, auch die des auszugsweisen Abdrucks oder der Reproduktion einer Abbildung, sind vorbehalten. Das Werk einschließlich aller seiner Teile ist urheberrechtlich geschützt. Jede Verwertung ist ohne Zustimmung des Verlags unzulässig. Dies gilt insbesondere für Vervielfältigungen, Übersetzungen, Mikroverfilmungen und die Einspeicherung und Verarbeitung in elektronischen Systemen.

ISBN 3-85498-096-5

Christian Brandstätter Verlagsgesellschaft m.b.H.
A-1010 Wien, Schwarzenbergstraße 5
Tel (+43-1)512 15 43-0, Fax (+43-1) 512 15 43-231, E-Mail cbv@oebv.co.at

Umschlag: Johann Hauser, Kasperl, 24.10.1982, Bleistift, Farbstift auf Papier, 40 x 30 cm, Sammlung Helmut Zambo. Badenweiler-Wien
Rotes Viereck, 1973, Farbstift auf Papier, 21 x 30 cm, Sammlung Helmut Zambo, Badenweiler-Wien
Der Untertitel „Im Hinterland des Herzens" stammt von Lui Dimanche.

INHALT

Carl Aigner
Im Bilde der Kunst — 6

Helmut Zambo
Über Hauser, Lieber Hauser — 9

Arnulf Rainer
Was aber ist Johann Hauser? — 15

Leo Navratil
„Einen Mut muß man immer haben zum Zeichnen, dann kann man gut zeichnen." — 19

BILDERBLOCK 60-ER JAHRE — 24

Michel Thévoz
Ist Johann Hauser ein zeitgenössischer Künstler? — 86

Otto Breicha
Johann Hauser Punktum (oder: Jedenfalls konvulsisch) — 90

Roger Cardinal
Über Johann Hauser — 94

BILDERBLOCK DER 70-ER JAHRE — 103

Peter Baum
Zur grundsätzlichen Bedeutung der Werke psychisch Kranker für die Kunst und deren Rezeption — 149

Johann Feilacher
**Johann Hauser ohne Manie und Depression
Die letzten zehn Jahre des Künstlers** — 153

BILDERBLOCK DER 80-ER JAHRE — 156

Gerhard Roth
Johann Hauser – Der Schrecken — 213

BILDERBLOCK DER 90-ER JAHRE — 216

Heinz Kammerer
Weihnachten in Gugging — 227

Lui Dimanche
„Im Hinterland des Herzens" — 231

Biografie Johann Hauser — 235

Bildnachweis — 237
Danksagung — 238

IM BILDE DER KUNST

Zu den auch international bemerkenswertesten Phänomenen bildender Kunst nach 1945 in Österreich zählen zweifellos die „Gugginger" Künstler aus Niederösterreich. Untrennbar mit Leo Navratil als deren Entdecker, Förderer und ärztlichem Betreuer verbunden, war er es auch, dem es nach drei Jahrzehnten intensiver Auseinandersetzung mit seinen Patienten gelang, 1981 das „Haus der Künstler" in Gugging zu etablieren. Es ist dies ein Zeitpunkt, wo die „Gugginger" Künstler bereits anerkannt und durch zahlreiche in- und ausländische Ausstellungen und Publikationen bekannt geworden waren. Bis Ende der sechziger Jahre war es für Navratil ein oft mühsames Sondieren der bildnerischen Arbeiten seiner Patienten, verbunden mit Irritationen und Zweifel hinsichtlich ihres künstlerischen Status. Nicht zuletzt durch das zunehmende Interesse von Künstlern wie André Heller, Walter Navratil, Peter Pongratz, Franz Ringel, Arnulf Rainer und die internationalen Kontakte, die er in den sechziger Jahren unter anderem mit Jean Dubuffet und der *Art Brut* knüpfen konnte, wurde er in seinem eingeschlagenen Weg bestätigt, der ihn dazu führte, von „zustandsgebundener" Kunst zu sprechen.

Johann Hauser zählt dabei neben Oswald Tschirtner und dessen erstaunlich radikalen minimalistischen Zeichnungen sowie den phantastischen, innovativen Bild-Text-Kompositionen von August Walla nicht nur zu den wichtigsten „Gugginger" Künstlern, sondern ist der auch international bekannteste und berühmteste „Gugginger". Umso erstaunlicher, daß die letzte große Retrospektive des Werkes von Hauser zwanzig Jahre zurückliegt. Auf Initiative von Helmut Zambo präsentiert die Kunsthalle Krems fünf Jahre nach dem plötzlichen und unerwarteten Tod und zum fünfundsiebzigsten Geburtstag von Hauser die bislang umfangreichste und anspruchsvollste Werkschau. Von den ersten Zeichnungen Ende der fünfziger Jahre bis zu den letzten Arbeiten vor seinem Tod wird sein künstlerischer Bilderkosmos in der Ausstellung und im vorliegenden Katalog entfaltet und ein Oeuvre sichtbar, das angesichts der künstlerischen Ausdruckskraft den Betrachter erstaunt und verwundert. Zu Recht schreibt Navratil in seinem Katalogbeitrag, daß Johann Hauser „eine außerordentliche Sensibilität für Bilder" hatte. Dies gilt sowohl für die formale Gestaltungskraft wie auch für sein oft dramatisierendes Farbempfinden. Leitmotivisch ziehen sich einige wenige, aber sehr konstante Themen durch das fast vierzig Jahre umfassende bildnerische Schaffen: erotische Frauen, Gesichter und vor allem verschiedenste militärische Mobile wie etwa Panzer, Raketen, Hubschrauber oder Kriegsschiffe konstituieren den inhaltlichen Werkcharakter. „Was er zeichnet, zeichnet er nicht, weil er es absichtlich so anlegt, sondern weil er es förmlich nicht anders kann", beschreibt Otto Breicha zutreffend den künstlerischen Habitus. „Johann Hauser ist kraftvoll, elegant gekleidet, witzig, manchmal übermütig, dann wortkarg und in sich zurückgezogen. Wünsche und Träume sind vorhanden, er ist Schausteller seiner selbst, ein Dandy, ein Weltvergessener", charakterisiert ihn Lui Dimanche und zeigt dies auch mit seinen subtilen Photographien von Hauser.

Mit der Johann Hauser-Ausstellung setzt die Kunsthalle Krems ihre große monographische Präsentationsreihe österreichischer und internationaler Künstler (unter anderem Hermann Nitsch, Arnulf Rainer, Antoni Tàpies) fort. Helmut Zambo ist – nach der Arnulf Rainer-Ausstellung 1997 – ein weiteres Mal für sein kuratorisches Engagement zu danken, ohne dem die Ausstellung und ihr hoher Qualitätsanspruch nicht hätte realisiert werden können. Insbesondere muß auch Leo Navratil, Johann Feilacher, Nina Katschnig und den Textautoren gedankt werden; weiters Michel Thévoz, dem frühesten internationalen Sammler des Werkes von Hauser, der mit seinem Museum „Collection de l'Art Brut" für eine Ausstellungskooperation gewonnen werden konnte. Dank gilt es auch dem Team der Kunsthalle zu sagen, besonders Julia Kordina für ihre akribische Arbeit gemeinsam mit Regina Stierschneider.

Carl Aigner
Direktor Kunsthalle Krems

Königin Elisabeth, ungefähr 1969 · Bleistift, Farbstift auf Papier, 40 x 30 cm
Collection de l'Art Brut, Lausanne

Helmut Zambo
ÜBER HAUSER, LIEBER HAUSER

Heute soll die Frau eines weltberühmten Musikers kommen. Soll sie. Alle sind aufgeregt. Ich habe ganz andere Sorgen. Wen soll ich heiraten? Königin Elisabeth oder Marilyn Monroe?

Eine Heirat mit der Königin bringt viel Geld und Ruhm. Aber auch Pflichten. Die will ich nicht.
Und die berühmte Schauspielerin?

Ja, die ist schön. Und eine Figur hat die. Aber kein Geld. Eine Schauspielerin hat nie Geld. Die gibt alles aus, damit sie schön ist. Und ob sie eine große Wohnung hat, wo auch für mich Platz ist?

Die Königin hat viele Paläste auf der ganzen Welt. Da könnte ich gut leben. Und berühmter würde ich auch noch werden. Obwohl – ich bin auch jetzt schon ein berühmter Mann, weil ich ein großer Künstler bin. Sagen alle.

Johann Hauser braucht Klarheit. Er wird die Königin und die Schauspielerin zeichnen. Danach weiß er, welche er heiraten wird.

In seinem Zimmer hat er Fotos von beiden versteckt. Die holt er als Vorlage und beginnt ...

Aber er kann jetzt nicht zeichnen. Er legt den Bleistift auf den Tisch. Wenn das Zeichnen gar nicht geht, wenn er sich aufregt oder ärgert, dann kann er nur ein Herz malen.

Am nächsten Tag ...

Gestern hat er ein rotes Herz gemalt. Heute wird er die Königin zeichnen. Klein, mit dünnem, zartem Strich, ohne Farbe. Die königlichen Umrisse bescheiden, ohne Krone. Majestätisch. Eine Königin! Eine Frau?

Hauser Johann denkt: Ich muß sie noch einmal zeichnen. Später, wo jeder sieht, wie schön und mächtig sie ist. Mit einer großen Krone.

Aber jetzt mache ich das Bild von der Sexbombe aus Amerika. Das macht Spaß. Kleider braucht die nicht. Die ist auch so schön.

Mit kräftigem Strich, unter dem die Farben explodieren, sich verschlingen und vermischen, zeichnet Johann Hauser die Frau. Er ist erregt. Er spricht mit sich. Ist glücklich. Ja, die wird er heiraten. Auch wenn sie keinen Palast hat. Den wird er ihr schenken. Er hat schon viele Paläste gezeichnet.

Hauser Johann ist müde –

Ich lege mich hin und schlafe. Am Nachmittag soll die Frau des berühmten Musikers kommen und ein Künstler und ein Kunstsammler. Dem meine Bilder gefallen. Soll kommen und kaufen.

Die Frau des berühmten Musikers interessiert mich nicht. Die machen ein Theater hier. Putzen das ganze Haus. Sind aufgeregt. Alles wegen der Frau des berühmten Musikers. Ob sie schön ist? Blond? Mit einer tollen Figur? Auch egal. Interessiert mich alles nicht.

Johann Hauser schläft und sammelt Kraft für die Frau des berühmten Musikers. Kraft, die er brauchen wird. Aber das weiß er noch nicht.

Die Frau des berühmten Musikers ist angekommen. Sie ist schön.
Johann Hauser vergißt die englische Königin und Marilyn Monroe.
Er soll seine Zeichnungen zeigen. Der Frau des berühmten Musikers. Berühmter Musiker, Musiker, Musiker ...

Musiker bin ich auch, sagt Hauser Johann. Aufgeregt – Selber Musiker. Und er lädt die Frau des berühmten Musikers ein, in sein Zimmer zu treten, Platz zu nehmen. Dann holt er aus der Schublade eine große Mundharmonika und spielt. Nur für sie.

Außerordentliche Musik, ergreifende Klänge füllen den Raum.
Ein Liebeskonzert.

Die Frau des berühmten Musikers denkt:

Ich bin überrascht. Ich war der Meinung, hier einen Idioten zu besuchen. Der angeblich ganz interessante Zeichnungen macht.

Dieser Hauser ist ja nicht anders als die meisten meiner Bekannten. Sieht eigentlich gut aus. Er schielt. Na und? Ich kenne eine Menge Leute, die froh wären, wenn sie wenigstens durch ein gekonntes Schielen auffallen würden.

Ein schönes, helles Zimmer hat er, wie ein Kinderzimmer. Mit vielen Spielsachen. Panzer, Autos, Flugzeuge, Schiffe und Stofftiere – Löwen, Tiger, Elefanten. Viel ordentlicher als das Zimmer meiner Tochter.

Seine Zeichnungen erinnern mich an die Zeichnungen meiner Tochter – wie sie klein war. Hätte ich eigentlich aufheben sollen.

Was sagt er? Er ist ein Musiker. Er will mir keine Bilder mehr zeigen. Wie er mich anschaut. Ich hätte doch den Pullover und nicht die durchsichtige Bluse anziehen sollen. Jetzt wird er rot. Schaut mir aber tief in die Augen. Charmant ist dieser Herr Hauser und witzig, wie er vor sich hinsprudelt und grantelt.

Jetzt spielt er auf seiner Mundharmonika. Schön, aufregend. Diese Musik klingt so, wie seine Bilder aussehen. Hart, kräftig, voller Energie und Farbigkeit. So spielt kein Kind. Sind diese Blätter Botschaften? Oder Erinnerungen an eine kurze Kindheit? Träumt Herr Hauser? Er ist entrückt. Nicht verrückt. Diese Musik. Ich bin sprachlos. Sie bedrängt mich. So aufregende Dissonanzen habe ich noch nie gehört.

Wenn ich das meinem Mann erzähle, wird er bestimmt sagen, daß ich verrückt bin. Ich bin traurig, daß er nicht hier ist. Er wäre bestimmt begeistert. Oder vielleicht neugierig oder betroffen?

Hat er mir nicht erzählt, daß Schönberg gerne so komponieren wollte wie Kandinsky malt. Oder war es umgekehrt? Wollte der Kandinsky solche Bilder malen können wie Schönberg komponiert hat?
    Da soll es einen gescheiten Briefwechsel geben, wo jeder der beiden den anderen als sein künstlerisches Vorbild bezeichnet. Egal. Herr Hauser braucht kein Vorbild.

Es ist schön seine Musik zu hören, die Zeichnungen und ihn zu sehen.

Diesen lieben Herrn Hauser.

Der Künstler denkt:
(Text Harald Frackmann)

bei Hauser ist die Kunstlüge nicht möglich

Er ist ein künstlerischer Depp
mit schönster Zeichnung
klar und kindlich edel

die Arroganz der Kunst
geht vollkommen vorbei an einem Werk wie Hauser

Nicht die Kunst ist krank, sondern der Mensch

Es gibt nur Kunst

frei

inhäusig, einhäusig
und außer Haus

Wo ist der Wahnsinn

Die Medizin ist ratlos
nicht aber die Kunst

aus den Zimmern der Irren
kommt sie als ganz einfaches
Glück
Stück für Stück

Kunst ist ein Blick der Liebe

so wie con amore

Hauser, du hast es gut
Und doch hast du nicht dieses
Verdammt schöne Leben ...

ich grüße Dich

Der Sammler denkt:

Ich bin erstaunt. Daß Johann Hauser ein großer Zeichenkünstler ist, habe ich schnell begriffen.

Auch wenn ich die erste Arbeit nur gekauft habe, um einem Freund einen Gefallen zu erweisen.

Die zweite aus Neugierde, die dritte aus Überzeugung. Die vierte aus Leidenschaft. Diese Paläste, Autos, Flugzeuge, Raketen und erotischen Frauen, die er macht, wenn er fröhlich ist.

Aber auch die einfachen Rechtecke und Quadrate seiner Traurigkeit sind ergreifend. Sowie der kleine gerupfte Vogel, der an der Wand hängt.

Daß er auch noch ein musikalisches Genie ist, hat mir keiner gesagt. Aber vielleicht ist das zustandsgebunden. An die schöne blonde Frau, die Johann Hauser anschaut und ihm andächtig zuhört.

Jetzt weiß ich endlich, was zustandsgebunden ist.

Das Konzert ist zu Ende.
Die Frau des berühmten Musikers weint. Sie versucht wieder Ordnung in ihre Gefühle und Gedanken zu bringen.

Johann Hauser lacht. Er ist stolz und glücklich.

Er wird die schöne Frau des berühmten Musikers heiraten.

Krampus, 8. 9. 1971 · Bleistift, Farbstift, Deckfarbe auf Papier, 29,7 x 21 cm
Privatsammlung

Arnulf Rainer
WAS ABER IST JOHANN HAUSER?

Dieser Artikel wurde erstmals 1978 im Katalog *Johann Hauser. Kunst aus Manie und Depression* veröffentlicht.[1]

In der Kunst erfreuen uns vor allem jene, die Neuland entdeckten, rodeten und dort ihren Garten anlegten. Bei Hauser ist das zweifellos der Fall, wenn auch ohne allzu bewußte Absicht. Gestattet ihm überhaupt die befürsorgte Form seiner Existenz als Anstaltspflegling, irgendwo zu gärtnern, zu wohnen; bewußte Ausbreitung, Ansammlung, Erweiterung seines Werkes zu betreiben? Seitdem ich verbal nicht mehr präzise formulieren will, sondern aufzähle, seitdem ich bemerke, daß bei mir Kulturergriffenheit, Ehrgeiz, intellektueller Impetus, Kunstbetriebsneugier etc. stetig abnehmen, ist mir Hausers Existenz ein Rätsel, Problem, Versuchung und Warnung. Nachdem ich schon dauernd die große Übersicht, den weiten Horizont verliere, mich in Wirrsal verwickle wie etwa in diesem Aufsatz, oder mich stetig wiederhole wie in diesem Aufsatz, spähe ich nach Möglichkeiten einer Flucht aus meiner spezifischen Existenz, aus meinem bisherigen Künstlerverständnis, aus meiner Akademikerrolle. Wenn es einem debilen Außenseiter gelingt, durch die Qualität seines künstlerischen Werkes 99 Prozent der professionellen Maler zu degradieren, wenn es Infantilität ermöglicht, so intensiv zu gestalten, daß Werke von hohem Rang entstehen, die die gebildete Kunst in manchen Aspekten überholen, hat das Konsequenzen sowohl für des Künstlers Selbstbewußtsein als auch für das Problem seines sozialen Status, seiner eigenen Rollendefinition. Intelligenzquotient und Bildungsniveau soll man sowieso im Zusammenhang mit der künstlerischen Kreativität vergessen. Daß aber auch anderes, anstrebsam Erstrebenswertes, was man da auch immer für den Künstler nützlich hielt, nicht mehr wichtig sein muß, dieses Faktum ist immer wieder überraschend. Kunstfähigkeit definiert sich auf einmal als Vermögen, irgendwelche Zustände zu reproduzieren, seien sie psychisch oder physisch bedingt, seien sie auf hohem oder niedrigem Intelligenzniveau. Man könnte sagen, Künstler ist, wer in sich Momente produziert, bei denen er zu einer intensiven gestalterischen Selbstreproduktion gelangt. Man kümmere sich mehr um seine Zustände als um anderes; die Produktion folgt. Oder ist das alles so endogen verursacht, wie einige Ärzte meinen? Hauser leistet vor allem in seiner manischen Phase Qualifiziertes. In jeder Manie mit ihrem Überschwang, Überdrang, Überhang gibt es viel Dampf und läppische Euphorien. Produzieren diese schon Kunst? Ich vermute, daß die Aufmerksamkeitsmobilisierung, der Ehrgeiz, eine gestalterische Konzentration, eine komprimierte Bildnerei zu erzielen, auch bei ihm wie bei jedem anderen großen Maler das Ausschlaggebendste ist. Bei den professionellen Künstlern der Historie beobachte ich dazu permanente Anstrengungen, durchlaufende Vorarbeit für ein Gesamtwerk, das Hinaufseilen von einem Bild zum anderen. Im 20. Jahrhundert kommt dazu der Aufbau von etwas Neuem, Vielfältigem, Komplexem, Differenziertem. Sicher, manische Besessenheit, Begeisterungen, konstruktive Wutanfälle etc., das treibt auch uns in die künstlerische Produktivität. Bei Hauser gibt es den Willen und die Fähigkeit zu einer gravierenden Anstrengung. Er hat des öfteren die ganz selten gewordene Überleistungssehnsucht eines besessenen Künstlers. (Daß er für seine Werke nicht schon längst den Kunstpreis des Landes erhalten hat, ist ein Skandal für eine angebliche Leistungsgesellschaft.) Psychosen, Manien, außerordentliche Zustände, das haben viele. Höchste Vigilität bei der Bildnerei nur ganz wenige. Hauser hat sie, und das vor allem fasziniert mich an ihm.

Der Künstler weht wo er will, geht wohin er will, und erreicht was er will (sofern er richtige, wichtige Wünsche hat). Manische Zustände hin und her, Konträres wie Melancholie, Verzweiflung, Impulslosigkeit, Stumpfsinn, mangelnder Impetus usw. haben auch schon bedeutende künstlerische Zeugnisse hinterlassen. Aus allem kann Kunst geboren werden. Hauser ist in der Depression reduziert, qualitätsloser, unwillig, schwach, faul, folgt man den Darstellungen seines Betreuers (Dubiose Psychopharmaka tun das ihre). Die meisten Künstler wären das auch, aber einige würden versuchen, durch die Schaffung einer zweiten Ebene auch diese Zustände in den Griff, in ein Ausdruckssystem zu bekommen. Aus der Kunst der letzten Jahrzehnte lernen wir, daß alles formulierbar, formulierwertig ist, ja daß gerade das noch nicht Dargestellte angegangen werden muß. Aus dieser Ideologie heraus interessiert mich Hauser mehr als viele seiner Künstlerkollegen. Sein angeblicher Schwachsinn hat uns differenzierte, dezidierte, bedenkwürdige Zeichnungen beschert. Er beschäftigt sich mit Freudenfrauen, Konstruktkonstruktionen, Burgenbauten, Gestirnsgebilden usw. Das war auch unsere Knabenwelt. Überraschend ist die Vehemenz ihrer Darbietung. Das vermochten wir nicht. Die Linienzeichnung übten wir, aber Hauser macht aus ihr durch Starkstrichlinierung und Kraftkonturierung etwas Gravierendes. Die kindliche Naivität seiner Spielsachenwelt kontrastiert zu ihrer energiereichen, erwachsenenkräftigen, mannesheftigen Darlegung. Diese Verschmelzung wirkt auf uns befriedigend und befreiend. Hier werden Kindlichkeit und Vatermacht verbunden. Solche Rätsel, solche Lösungen euphorisieren, lassen Längstvergessenes dämmern. Wir hatten alle eine ähnliche Motivebene, konnten aber nicht so stark, so formreich, so phantasievoll sein, wie es Hauser ist. Ein „Infantiler" erfüllt durch seine Zeichenwerke frühe Träume, alte Ideale, gegenwärtige Wünsche. Wir erfahren Vergangenheitsgenugtuung, erhalten Trittbretter für ehemalige Entwicklungen. Debile bewältigen die Entfaltung der

Gescheiten. Das ist eine der ironischen, diffizilen, rätselhaften Paradoxien des heutigen Künstlerstatus. Manchmal scheint es sogar, als ob das Interesse an uns vor allem dem ausdrucksfähigen Idioten, dem intelligiblen Imbezilen, dem fauchenden Karnickel, dem akrobatischen Krüppel, dem gefragten Verweigerer, dem klarersehenden Spinner gilt. Wieso auch nicht? Wer bedarf hier keiner Lektionen? Nun ist der Künstler, dünnhäutig geboren, wie viele Säuger ein Fluchtwesen. Durch ein spezifisches Nervensystem leichter reiz- und verletzbar, erfindet und akzeptiert er die ungewöhnlichsten Rollen, vor allem, wenn er abgeschürft oder verwundet, in die Ecke gedrängt, Ablenkung betreiben muß. Den geflaumten, gefiederten, geflügelten, versteckten Hauser versuche ich durch mich selbst zu verstehen. Das gelingt nur schlecht, denn ich konnte mich im Laufe der Jahre mit einer gegerbten Haut versehen. Alle Künstler suchen Schutzidentifikationen, exekutieren diese oder jene Mimikry. Auch ich bin alles andere als ein Adler, eher eine Fliege, ein Wurm (getarnt als Maulwurf), ein Schweinchen (getarnt als Buchhalter) oder ein Affe (getarnt als Possenreißer) – auch ein J. Hauser getarnt als akademischer Maler. Was aber ist Hauser? Er hat natürlich ein Anrecht auf jene Erscheinung, die auf seinem Buchumschlag prangt.

[1] Leo Navratil: *Johann Hauser. Kunst aus Manie und Depression.* Rogner & Bernhard, München, 1978, 5-8.

Nikolaus, undatiert · Bleistift, Wachskreide auf Papier, 40 x 30 cm
Privatbesitz, Graz

Leo Navratil
**„EINEN MUT MUSS MAN IMMER HABEN BEIM ZEICHNEN,
DANN KANN MAN GUT ZEICHNEN."[1]**

Michel Thévoz[2] schreibt über Johann Hauser: „Nach herkömmlichen Beurteilungsmaßstäben gilt Hauser als schwachsinnig. Dies hindert ihn jedoch nicht, im schöpferischen Bereich eine Originalität und einen Erfindungsreichtum an den Tag zu legen, die ihresgleichen suchen und ihn mit den größten Künstlern unserer Zeit auf eine Ebene stellen. Unsere Maßstäbe sind so angelegt, daß ein Analphabet, selbst wenn er künstlerisch begabt ist, für zurückgeblieben gehalten wird, während ein gebildeter Mensch, sei er im künstlerischen Bereich auch noch so steril, hochverehrt wird. Es wäre vielleicht an der Zeit, derartige Kriterien zu überprüfen, wenn nicht sogar umzukehren." Ich bin Michel Thévoz für diese Beurteilung Johann Hausers außerordentlich dankbar. Ich möchte jedoch zeigen, worauf das Zeichentalent Johann Hausers beruht, ohne freilich die Einmaligkeit seines Werkes letztlich erklären zu können oder zu wollen.

Am 22. Mai 1969 besuchte ich mit Johann Hauser den Tiergarten Schönbrunn. Mein Sohn und Peter Pongratz begleiteten uns. Es war ein sonniger Vormittag, und wir waren alle in guter Stimmung. Hauser befand sich auf dem Höhepunkt einer manischen Phase. Es war eine Zeit, in der viele hervorragende Zeichnungen entstanden sind. Hauser gefielen die Eisbären besonders gut. Tags darauf, wieder im Krankenhaus, wollte er einen Eisbären zeichnen. Er zeichnete mit großer Kraft und Begeisterung, verstärkte und erweiterte die Konturen der Figur, welche den Raum des Zeichenblattes vom oberen bis zum unteren Rand einnimmt (Abb. 1; ganzseitige Abb. siehe S. 84). Der Eisbär hat auffallend große Ohren und eine geschmeidige Gestalt, gleicht aber mehr einem Eichhörnchen als einem Eisbären. Hauser füllte hierauf das gesamte Blatt mit dichten Bleistiftstrichen bis zum Rand und sagte, das sei das Fell des Eisbären. Da er dabei schwungvoll und mit großer Kraft zeichnete und den Bleistift mehrmals bis auf das Holz abwetzte, ist der Graphit an einer Stelle zum Teil wieder weggekratzt und das Papier beinahe durchbohrt. Zum Schluß ergriff Hauser den weißen Farbstift, der vor ihm lag, und höhte damit den Leib des Eisbären. Das Auge färbte er noch mit einem dunklen Rot, die Pupille blau. Er signierte das Blatt auf der Rückseite mit großen Buchstaben. Hauser war auf dieses Werk sehr stolz. Es gehört auch zu seinen schönsten Blättern und befindet sich jetzt im Museum moderner Kunst in Wien.

Hauser hatte die Absicht, einen Eisbären so zu zeichnen, wie er ihn am Vortag in Schönbrunn gesehen hatte. Die von naturalistischer Darstellung abweichende Formgebung kam unbeabsichtigt zustande. Wenn Hauser auf dem Höhepunkt einer Manie zeichnete, sah er sein entstehendes Werk anders als nachher, nachdem

Abb. 1
Eisbär, 23.5.1969, 40 x 30 cm

Abb. 2
Eisbär (unvollendet), 5.8.1969, 20 x 14,5 cm

die manische Erregung abgeklungen war. Während er seine Eigenschöpfungen zum Zeitpunkt ihrer Entstehung als eine „Verschönerung" des Vorbildes empfand, kam ihm die eigene Arbeit später – in normaler psychischer Verfassung – oft fremdartig vor, manchmal hielt er sie sogar für mißlungen.

Als Hauser sich hinsetzte, um den Eisbären zu zeichnen, wollte er ein besonders eindrucksvolles Werk schaffen. Und er wollte sein Angemutetsein von der Erscheinung des Eisbären in seiner Zeichnung wiedergeben. Ähnlich wie er von der Wirklichkeit, sollten wir von seiner Zeichnung beeindruckt werden, nämlich von dem Gewaltigen, ein wenig Erschreckend-Ängstigenden, von der geschmeidigen Eleganz, der Weiße, dem Weichen-Felligen, dem Schönen und Lieben, insgesamt von den starken ambivalenten Anmutungen, die er dem Eisbären wie seinen Frauenidolen gegenüber empfand. Mit Hilfe seiner Zeichenkunst ist es ihm gelungen, die geeignete Form zu finden, um diese Anmutungswerte auf uns zu übertragen.

Der manische Zustand, in dem Johann Hauser diese Zeichnung schuf, hatte schon im November 1968 begonnen und hielt bis Juli 1969 an. Hauser hat in dieser Zeit eine ganze Reihe großartiger Zeichnungen geschaffen, die in meinem Buch *Johann Hauser. Kunst aus Manie und Depression*[3] abgebildet sind (Tafel 20-31). Im August 1969 war Hauser depressiv. Als ich ihn Anfang August bat, noch einmal einen Eisbären zu zeichnen, sagte er: „Ich kann einen Eisbären nicht zeichnen ... ich kann nicht zeichnen." Die Zeichnung, die er dann noch mit Mühe zustandebrachte, zeigt deutlich, wie sehr die Kunst Johann Hausers an den gehobenen seelischen Zustand gebunden war (Abb. 2).

Hauser war für Anmutungswerte sehr empfänglich. Diese Sensibilität für das Physiognomische wurde durch die Manie noch gesteigert. Die Manie gab ihm auch den Antrieb und den Mut zu deren zeichnerischer Wiedergabe. Ich glaube deshalb, daß ein Faktor des Zeichentalents von Johann Hauser seine manische Erregung war.

Die Manie ist jedoch auch noch für weitere Merkmale von Johann Hausers Zeichenkunst verantwortlich. Sie bedingt die Kraft seiner Strichführung sowie seine Neigung, die gezeichneten Striche zu verstärken und zu verbreitern. Auch Hausers Beziehung zur Farbe ist charakteristisch für die Manie. Er liebte das Bunte und trug die

Farbstifte oder Wachskreiden so kräftig auf, daß seine Zeichnungen wie Gemälde wirken. In manischer Verfassung traute sich Hauser zu, die Königin Elisabeth von England und andere majestätische oder attraktive Frauen aus illustrierten Zeitungen abzuzeichnen, dann fiel ihm immer etwas ein, und er hatte Lust und Antrieb zum Zeichnen. Seine Lieblingsmotive waren typisch für die Manie: einerseits Frauen mit ausgeprägten primären und sekundären Geschlechtsmerkmalen, andererseits Militärisches: Panzer, Kanonen, Flugzeuge, Kriegsschiffe, Fahnen, Raketen. Ein weiteres Merkmal der Manie war Hausers spontanes Aufgreifen von Vorlagen aus den illustrierten Zeitungen und deren mehr oder weniger hemmungslose Verwendung für seine eigenen Zeichnungen. Depressive Personen sind dazu meist nicht fähig.

Johann Hauser begann erst im Alter von etwa 30 Jahren zu zeichnen. Ohne seine manischen Zustände hätte er aber das Zeichnen nie gelernt. In der Manie hatte er den Mut, andere Zeichner unter seinen Mitpatienten nachzuahmen, ja zu plagiieren. Er nahm eine Zeichnung von Aurel oder Franz zu sich, zog mit kräftigeren Strichen die Konturen nach und setzte seine Unterschrift dazu (Abb. 3). Der Maniker ist großzügig, er schenkt gerne. „Was mein ist, ist auch dein", lautet seine Devise. Es gilt für ihn aber auch das Umgekehrte: „Was dein ist, ist auch mein", und er hat keine Bedenken, was anderen gehört, sich anzueignen.

Johann Hauser verdankte es also der Manie, daß er das Zeichnen von anderen gelernt hatte, daß er sich Bildvorlagen in illustrierten Zeitungen suchte, er verdankte seine erhöhte Anmutungsbereitschaft der Manie, seine Initiative zur Verwirklichung seiner Vorstellungen in Zeichnungen, seinen kräftigen Strich und seine intensive Farbgebung, seine Vorliebe für weibliche Sexualität und Dominanz und für das Militärische.

Wenn Hauser depressiv war, hatte er keine Einfälle. Es fehlte ihm dann jede Spontanität und jede Lust zu zeichnen. Holte ich ihn aus dem Garten, damit er etwas zeichne, dann fragte er: „Was soll ich zeichnen?" Ich nannte ihm dann ein Motiv, von dem ich wußte, daß es ihm leicht fiel, weil er es schon oft gezeichnet hatte: ein Herz, eine Schlange, ein Viereck, eine Rakete. Hauser zeichnete den gewünschten Gegenstand, signierte das Blatt mit kleiner Schrift, meist auf der Rückseite des Zeichenblattes, war froh, daß er die Aufgabe geschafft hatte und verschwand wieder. Die depressiven Zustände konnten sich in der Zeichnung aber auch positiv auswirken: Sie führten mitunter zu einer Vereinfachung und Formenreduktion von künstlerischer Bedeutung.

Das Zeichentalent Johann Hausers läßt sich jedoch medizinisch noch weiter erklären, nämlich neurophysiologisch. Es scheint neurophysiologische Ursachen zu haben, daß Hauser zu naturalistischem Zeichnen (etwa eines Eisbären oder des menschlichen Profils) nicht fähig war. Sein sogenanntes Talent beruhte zum Teil auf seinem fehlenden Zeichentalent. Seinem Geschmack entsprachen die photographischen Abbildungen in den illustrierten Zeitungen, die er sich gerne als Vorlage nahm. Er konnte aber das Figurale auch nicht annähernd richtig wiedergeben, sondern mußte die Formen nach

Abb. 3
Von Johann Hauser nachgezogene Konturen der Zeichnung eines Mitpatienten, 22.8.1966, 22 × 15 cm

seinen eigenen Vorstellungen konstruieren. Es ist sehr fraglich, ob Johann Hauser mit einem intakten Gehirn ein origineller Zeichner hätte werden können.

Johann Hauser hatte eine außerordentliche Sensibilität für Bilder, vor allem für deren Ausdrucksqualitäten. Es ist in diesem Zusammenhang bemerkenswert, daß er praktisch einäugig war, wodurch ihm das räumliche Sehen völlig fehlte. Es bestand eine hochgradige Schwachsichtigkeit des rechten Auges infolge Schielens (Strabismus convergens rechts). Außerdem hatte Hauser verschiedene zerebrale Defekte, die auf eine Schädigung der linken Hemisphäre hinweisen. In der Schule, die er nur zwei Jahre lang besuchte, hatte er das Lesen und Schreiben nicht erlernt. Hauser konnte nur seinen Namen und einige Ziffern schreiben. Er konnte auch einige Buchstaben der Kurrentschrift aneinanderreihen und miteinander verbinden. Die einzelnen Buchstaben und Ziffern, die er schreiben konnte, konnte er aber nicht lesen. Besonders auffällig waren jedoch Hausers Unkenntnis der Zahlen und seine völlige Akalkulie. Er war sich über die Zahl der Finger nicht im klaren und konnte auch innerhalb der ersten Dekade nicht rechnen. 1966 und 1977 betrug sein Intelligenzquotient nach Hamburg-Weichsler 56, entsprechend einer „extrem niedrigen Intelligenz". Im Vergleich zu diesem hochgradigen Entwicklungsrückstand, der auch im Laufe seines weiteren Lebens nicht aufgeholt werden konnte, und den besonders schweren partiellen Defekten, waren praktisches Wissen, Lebensführung und Kommunikationsfähigkeit relativ gut. Hauser hatte in seinen reifen Mannesjahren eine gute äußere Erscheinung und machte, entsprechend gekleidet, einen eleganten Eindruck.

Seine linkshemisphärischen Defekte haben es seiner rechten Gehirnhälfte ermöglicht, in seinen Zeichnungen wirksam zu werden: in der erhöhten Anmutungsbereitschaft, seinen konstruktiven Tendenzen und seinem Gefühl für Komposition und für das Ganze. Zweifellos sind diese Fähigkeiten durch die manische Erregung immer wieder angefeuert und gesteigert worden. Dieses „Talent" Johann Hausers wurde durch äußere Umstände geweckt, geformt und gefördert, von seiner Umwelt erkannt und schließlich hochgeschätzt. Seine Individualität mit ihren einmaligen Lebensbedingungen äußert sich in seiner Kunst.

Johann Hauser wurde am 30. November 1926 in Bratislava (Preßburg) geboren, mit hoher Wahrscheinlichkeit als unerwünschtes Kind. Seine Muttersprache war Deutsch. Seine Mutter war Witwe und bei seiner Geburt bereits 37 Jahre alt. Hauser kannte seinen Vater nicht; sein Familienname war der Mädchenname seiner Mutter. Er hatte zwei Halbschwestern, 12 und 13 Jahre älter als er; deren Vater war Kutscher und ist im Ersten Weltkrieg gefallen. Ich lernte die beiden Halbschwestern kennen; sie waren intellektuell normal. Fälle von Schwachsinn waren in der Familie nicht bekannt. Der Vater Johann Hausers war ein ehemaliger Freund der Familie. Näheres über ihn weiß man nicht. Hauser hielt den gefallenen Vater seiner beiden Halbschwestern auch für seinen Vater.

Johann Hauser hatte mit großer Wahrscheinlichkeit eine frühkindliche (oder schon vorgeburtliche) Gehirnschädigung erlitten und war dadurch in der geistigen Entwicklung behindert. Er bedurfte während seines Lebens in der Anstalt ganz spezieller Hilfeleistungen, um ein erfolgreicher Künstler zu werden.

Ich habe bei Johann Hauser von einer „Kunst aus Manie und Depression" gesprochen. Ich habe jedoch niemals behauptet, daß die Manie die einzige Quelle der Kunst Johann Hausers war. Die Umstände, die einen Menschen zum Künstler machen, können nicht auf einen Faktor reduziert werden, weder auf Krankheit, noch auf Kreativität oder Talent – sie sind vielfältig. Ich denke an den Komplex der schwer analysierbaren Begabungen und Begabungsmängel, an die technischen und bildungsmäßigen Voraussetzungen, die aus der Umwelt stammen, an die psychologischen Herausforderungen und die dem Künstler winkenden Belohnungen, nicht nur materieller, sondern auch ideeller Art und schließlich an die vielschichtigen sozialen Faktoren der Rezeption und Wertung – selbst Zufälle spielen dabei eine Rolle. Der kreative Zustand, den Johann Hauser der manischen Psychose verdankte, kann nur ein Faktor im Zusammenwirken vieler gewesen sein.

Johann Hauser ist am 7. Januar 1996 während einer Grippeepidemie im Krankenhaus Klosterneuburg plötzlich und unerwartet gestorben. Er befand sich im 70. Lebensjahr. Ich bin dankbar, daß ich ihn kennenlernen, ihm nahe sein und die Entstehung seiner Kunst miterleben durfte.

[1] Johann Garber, zit. in: Leo Navratil: *Bilder nach Bildern*. Residenz Verlag, Salzburg-Wien, 1993.
[2] Michel Thévoz: *Art brut. Kunst jenseits der Kunst*. AT Verlag, Aarau/Schweiz, 1990.
[3] Leo Navratil: *Johann Hauser. Kunst aus Manie und Depression*. Rogner & Bernhard, München, 1978.

Abb. 1: **Eisbär**, 23.5.1969, Bleistift, Farbstift auf Papier, 40 x 30 cm
Museum Moderner Kunst Stiftung Ludwig Wien – Die Künstler aus Gugging, Sammlung Leo Navratil

Abb. 2: **Eisbär** (unvollendete Skizze), 5.8.1969, Bleistift auf Papier, 20 x 14,5 cm

Abb. 3: **Von Johann Hauser nachgezogene Konturen der Zeichnung eines Mitpatienten**, 22.8.1966
Bleistift, Wachskreide und roter Kugelschreiber auf Papier, 22 x 15 cm
Sammlung Helmut Zambo, Badenweiler-Wien

Sonne, 29.11.1959 · Bleistift, Farbstift auf Papier, 10,6 x 14,7 cm
Privatbesitz, Graz

Flugzeug, undatiert · Bleistift, Farbstift auf Papier, 14,9 x 21 cm
Galerie Altnöder, Salzburg

Frau, zwischen 1958-1965 · Bleistift auf Befundbogen, 30 x 21 cm
Collection de l'Art Brut, Lausanne

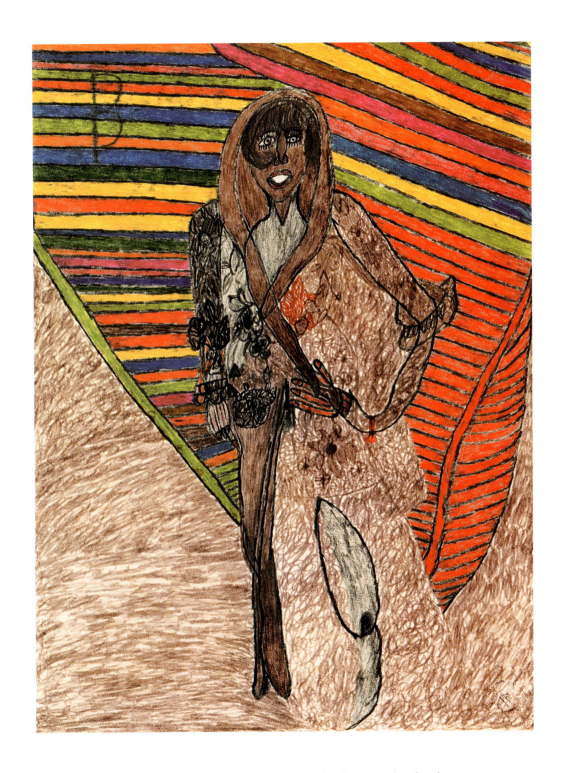

Dame vor buntem Boot, um 1965/1966 · Bleistift, Farbstift, schwarzer Filzstift auf Papier, 40 x 30 cm
Neue Galerie der Stadt Linz

Bombenabwurf, 1964 · Bleistift, Farbstift auf Papier, 19 x 20,5 cm
Sammlung Helmut Zambo, Badenweiler-Wien

Flugzeug, zwischen 1958-1965 · Bleistift, Farbstift auf Papier, 21 x 29,5 cm
Collection de l'Art Brut, Lausanne

Sanitätsauto, undatiert · Bleistift auf Papier, 17 x 24 cm
Museum moderner Kunst Stiftung Ludwig Wien – Die Künstler aus Gugging, Sammlung Leo Navratil

Panzerspähwagen, undatiert · Bleistift, Kugelschreiber auf Papier, 20,9 x 29,8 cm
Privatsammlung

Panzer, 19. 8. 1966 · Bleistift auf Papier, 21 x 30 cm
*Museum moderner Kunst Stiftung Ludwig Wien – Die Künstler aus Gugging,
Sammlung Leo Navratil*

Krampus, 1965 · Bleistift, Farbstift auf Papier, 40 x 30 cm
Privatsammlung Heinz Kammerer, Wien

Löwe und Frauenkopf (unvollendet), 1966 · Bleistift, Filzstift auf Papier, 44 x 62,5 cm
Niederösterreichisches Landesmuseum, St. Pölten – Sammlung Leo Navratil

Turm, 20.1.1965 · Bleistift, Farbstift auf Papier, 30,5 x 33,4 cm
Privatsammlung

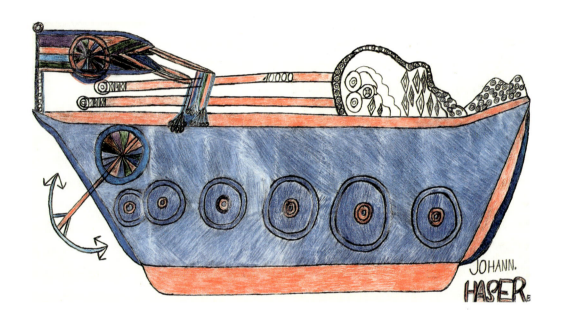

Kriegsschiff, 24.1.1965 · Bleistift, Farbstift auf Papier, 24,3 x 44,3 cm
Privatsammlung

Engel zwischen Himmel und Hölle, Februar 1966
Bleistift, Farbstift, Wachskreide, roter Filzstift auf Papier, 24,5 x 34 cm
Museum moderner Kunst Stiftung Ludwig Wien – Die Künstler aus Gugging, Sammlung Leo Navratil

Leichenwagen, 1966 · Bleistift, Filzstift, Wachskreide auf Papier, 30 x 40 cm
Collection de l'Art Brut, Lausanne

Haus, 7.6.1966 · Bleistift auf Papier, 16,5 x 36 cm
Neue Galerie der Stadt Linz

Haus mit Sternen und Friedhof unter grünem Baum, 1966 · Bleistift, Farbstift, Wachskreide auf Papier, 26,5 x 43,5 cm
Neue Galerie der Stadt Linz

Frauenkopf und 2 Mädchen, 1966 · Bleistift, Farbstift, Wachskreide, Collage auf Papier, 44 x 62,5 cm
Privatsammlung

Haus, 3.6.1966 · Bleistift auf Papier, 14,8 x 20,8 cm
Sammlung Helmut Zambo, Badenweiler-Wien

Frau, März 1966 · Bleistift, Wachskreide auf Papier, 21 x 14,5 cm
Neue Galerie der Stadt Linz

Frau, 8.11.1966 · Bleistift auf Papier, 30 x 20 cm
Sammlung Helmut Zambo, Badenweiler-Wien

Mann und Frau, 1.7.1966 · Bleistift, Farbstift auf Papier, 21 x 17 cm
Sammlung Helmut Zambo, Badenweiler-Wien

Mädchen im gelben Kleid, 1.7.1966 · Bleistift, Wachskreide, Filzstift auf Papier, 44 x 30 cm
Collection de l'Art Brut, Lausanne

Frau, 1.12.1966 · Bleistift, Wachskreide auf Papier, 44 x 30 cm
Sammlung Helmut Zambo, Badenweiler-Wien

Birne und Apfel, 1967 · Bleistift, Wachskreide auf Papier, 21,2 x 29,8 cm
Privatsammlung

Frau, 9.8.1966 · Bleistift, Farbstift, Wachskreide auf Papier, 44 x 31 cm
Städtische Galerie im Lenbachhaus, München

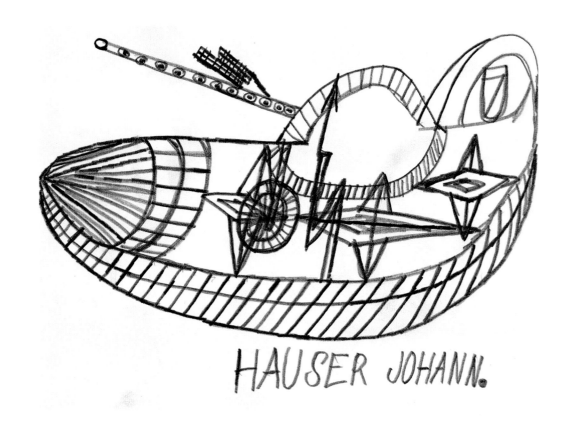

Kampfflugzeug mit Sternen, 1966 · Bleistift auf Papier, 14,9 x 19,8 cm
Niederösterreichisches Landesmuseum, St. Pölten – Sammlung Leo Navratil

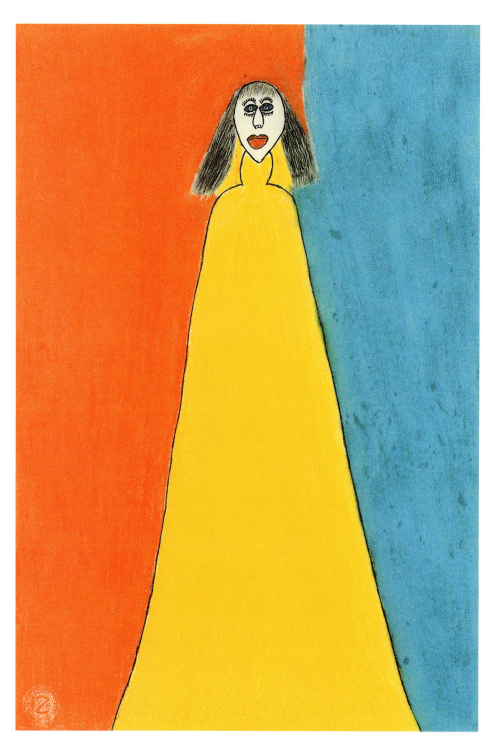

Mädchen im gelben Kleid 2, 20. 9. 1967 · Bleistift, Wachskreide auf Papier, 44 x 30 cm
Sammlung Helmut Zambo, Badenweiler-Wien

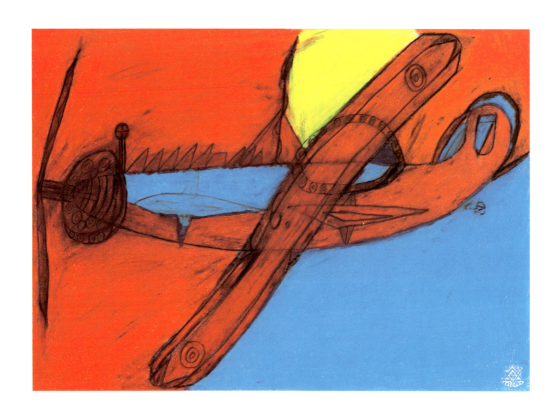

Flugzeug, 1.1.1967 · Bleistift, Wachskreide auf Papier, 30,9 x 44 cm
Sammlung Essl – Fritz Schömer Ges.m.b.H., Klosterneuburg/Wien

Rakete, 11.3.1967 · Bleistift, Farbstift, Wachskreide auf Papier, 21 x 29,8 cm
Privatsammlung

Schiff, 28. 10. 1967 · Ölfarbe auf Presspanplatte, 30 x 42 cm
Galerie Kunst und Handel, Graz

Sonne, Mond und Sterne, 1968 · Bleistift, Farbstift auf Radierung, 40 x 30 cm
Sammlung Helmut Zambo, Badenweiler-Wien

Haus mit Landschaft, 1968 · Bleistift, Farbstift auf Papier, 30,5 x 44,4 cm
Peter Infeld, Wien

Schloß Klosterneuburg (unvollendet), 1968 · Bleistift auf Papier, 21 x 29,6 cm
Galerie Kunst und Handel, Graz

Schloß (Klosterneuburg), 29.11.1968 · Bleistift auf Papier, 22,5 x 25,5 cm
Sammlung Helmut Zambo, Badenweiler-Wien

links: Frau, 27.12.1968 und 2.1.1969 · Bleistift auf Papier, 20 x 14,7 cm
Niederösterreichisches Landesmuseum, St. Pölten – Sammlung Leo Navratil

rechts: Frau, 19.12.1968 · Bleistift auf Papier, 33,5 x 23,1 cm
Privatsammlung

Frauenkopf, 1.12.1968 · Bleistift auf Papier, 29 x 21 cm
Sammlung Helmut Zambo, Badenweiler-Wien

Eine Seedame (Frau mit Fischleib), 28.12.1968 · Bleistift, Farbstift auf Papier, 50 x 31,2 cm
Sammlung Rudolf Leopold, Wien

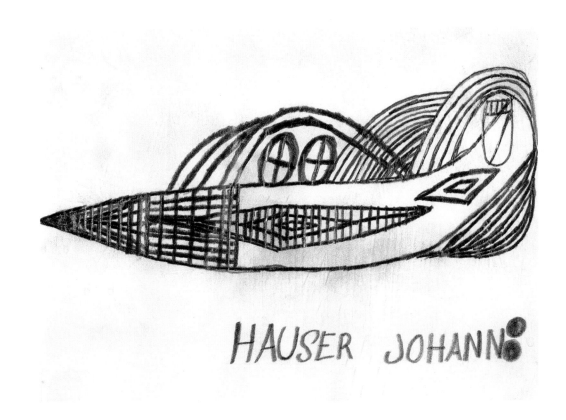

Flugzeug, 13.11.1968 · Bleistift auf Papier, 14,5 x 19,5 cm
Sammlung Helmut Zambo, Badenweiler-Wien

Frau, 25. 2. 1969 · Bleistift auf Papier, 40 x 30 cm
Collection de l'Art Brut, Lausanne

Königin Elisabeth, ungefähr 1969 · Bleistift, Farbstift auf Papier, 40 x 30 cm
Collection de l'Art Brut, Lausanne

Gesicht, 20.1.1969 · Bleistift, Farbstift auf Papier, 40 x 30 cm
Privatsammlung

Frau mit Sektglas und Revolver, 1969 · Bleistift auf Papier, 40 x 30 cm
Privatsammlung

Krampus, 17. 1. 1969 · Graphit, Wachskreide auf Papier, 90 x 62 cm
Galerie Kunst und Handel, Graz

Brigitte Bardot mit Stahlhelm und Maschinengewehr, 1. 4. 1969 · Bleistift, Wachskreide auf Papier, 40 x 30 cm
Privatsammlung Heinz Kammerer, Wien

Frau mit orangenem Kleid (Eskimo), 1.2.1969 · Bleistift, Farbstift, Wachskreide auf Papier, 40 x 30 cm
Sammlung Helmut Zambo, Badenweiler-Wien

Weltkugel, Schlange, darüber Mandorla mit Muttergottes, Anfang April 1969
Bleistift, Farbstift, Wasserfarbe auf Papier, 30 x 40 cm
Privatsammlung Heinz Kammerer, Wien

Frau, 12. 3. 1969 · Bleistift auf Papier, 29,5 x 21 cm
Museum moderner Kunst Stiftung Ludwig Wien – Die Künstler aus Gugging, Sammlung Leo Navratil

Frau, 1.3.1969 · Bleistift, Farbstift, Wachskreide auf Papier, 40 x 30 cm
Collection de l'Art Brut, Lausanne

Luftkampf, 21.4.1969 · Bleistift, Farbstift, Wachskreide auf Papier, 42,8 x 60,5 cm
Museum moderner Kunst Stiftung Ludwig Wien – Die Künstler aus Gugging, Sammlung Leo Navratil

Rotes Feuerwehrauto, undatiert · Bleistift, Wachskreide auf Papier, 20,5 x 44 cm
Privatbesitz, Graz

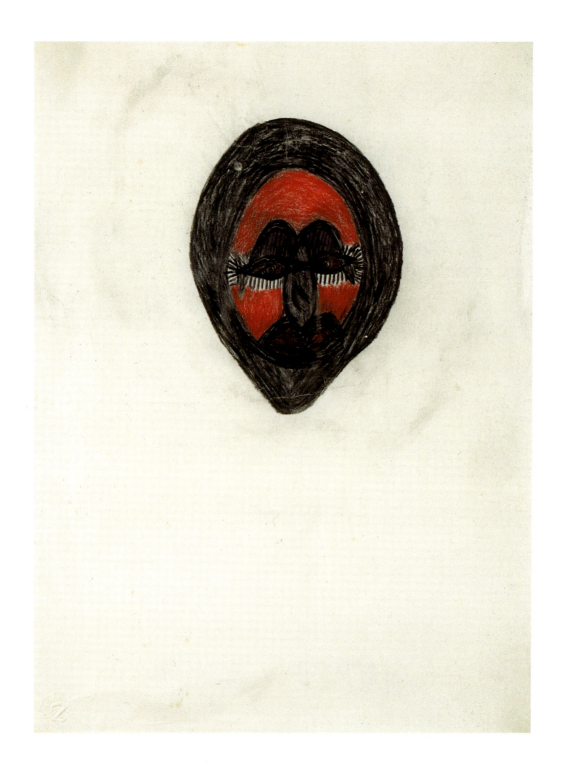

Kopf, 1.7.1969 · Bleistift, Farbstift auf Papier, 40 x 30 cm
Sammlung Helmut Zambo, Badenweiler-Wien

Löwe oder Tiger, 28. 6. 1969 · Bleistift auf Papier, 30 x 40 cm
Museum moderner Kunst Stiftung Ludwig Wien – Die Künstler aus Gugging, Sammlung Leo Navratil

Drei Elefanten und Fahrt zum Mond, undatiert · Bleistift und Deckfarbe auf Presspanplatte, 49 x 49 cm
Ph. Konzett

Eislaufplatz, undatiert · Bleistift, Wachskreide auf Papier, 24,7 x 34 cm
Privatbesitz, Graz

Löwenkopf, undatiert · Bleistift auf Papier, 10 x 18 cm
Privatbesitz, Salzburg

Schiff, undatiert · Farbstift auf Papier, 19 x 19 cm
Galerie Kunst und Handel, Graz

Luftkampf, undatiert · Bleistift auf Papier, 20,6 x 14,4 cm
Niederösterreichisches Landesmuseum, St. Pölten – Sammlung Leo Navratil

Kirschbaum, undatiert · Farbstift auf Papier, 21,5 x 22 cm
Galerie Kunst und Handel, Graz

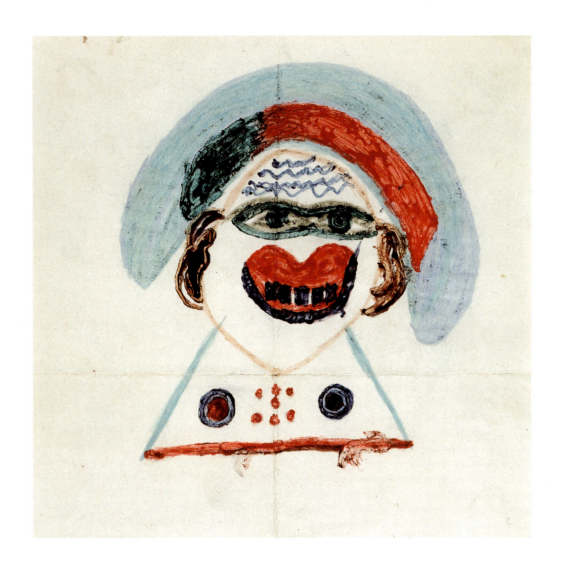

Frauenkopf, undatiert · Farbstift, Deckfarbe auf Papier, 17,3 x 17,7 cm
Niederösterreichisches Landesmuseum, St. Pölten – Sammlung Leo Navratil

Raumschiff mit Landekapsel, 5. 5. 1969 · Bleistift, Wachskreide auf Papier, 30 x 40 cm
Museum moderner Kunst Stiftung Ludwig Wien – Die Künstler aus Gugging, Sammlung Leo Navratil

Eisbär, 23. 5. 1969 · Bleistift, Farbstift auf Papier, 40 x 30 cm
Museum moderner Kunst Stiftung Ludwig Wien – Die Künstler aus Gugging, Sammlung Leo Navratil

Michel Thévoz
IST JOHANN HAUSER EIN ZEITGENÖSSISCHER KÜNSTLER?

Der Fall Johann Hauser wirft – quasi paradigmatisch für alle Kreativen des Hauses der Künstler in Gugging – eine Reihe von Fragen zum künstlerischen und institutionellen Status auf. Sollen wir die „Gugginger Künstler"[1] als gleichwertige Künstler wie alle anderen betrachten und sie ohne Vorbehalte in die Welt der Kunst integrieren, indem wir ihren psychischen Zustand und damit die Bedingungen, unter denen sie ihre Werke schaffen, nicht berücksichtigen? Zwar handelt es sich hierbei um eine theoretische Frage der künstlerischen Klassifizierung, es resultieren aus ihr allerdings praktische Entscheidungen, welche die Verbreitung und eine eventuelle Vermarktung der Kunstwerke betreffen (Wenn ich gut informiert bin, ist dies ein strittiger Punkt zwischen Leo Navratil und seinem Nachfolger Johann Feilacher). Mein Anliegen ist es nicht, mich in diese Kontroverse einzumischen, sondern vielmehr, einen möglichen Standpunkt der *Art Brut* darzulegen. Wie wir alle wissen, wurde das Werk von Johann Hauser vor dreißig Jahren auf Initiative von Leo Navratil und dem damals noch lebenden Künstler Jean Dubuffet in die Sammlung der *Art Brut* aufgenommen.

Festzuhalten ist, daß bei den Gugginger Künstlern die Tatsache ihrer veränderten mentalen Fähigkeiten zwar ihre soziale Integration verhindert, gleichzeitig aber ihren Werken einen spezifischen Charakter gibt. Diese Anomalie der mentalen Fähigkeiten begünstigt das Auftauchen von seelischen und geistigen Besonderheiten, die – abweichend vom kulturellen Maß – die künstlerischen Dispositionen fördern. Die mentale Diffusität erzeut eine seelische und soziale Behinderung, kann sich aber als sehr produktiv erweisen im Hinblick auf eine außergewöhnliche Wahrnehmung der Welt, auf genuine Perspektiven und einfallsreiche gestalterische Lösungen. Diese mentale Diffusität kann in bestimmten Fällen das Lesen und Zählen behindern, aber auf der anderen Seite imaginäre Fähigkeiten und außergewöhnliche symbolische Kreativität freisetzen. Genau aus dieser zweifachen Ansicht – sozio-psychologisch und künstlerisch – sollten wir übereinkommen, daß es sich um eine spezielle Form von Kunst handelt, die sich nicht einfach mit der Kunst von sozial und mental integrierten Künstlern gleichstellen läßt.

Gewiß, die professionellen Künstler versuchen ebenfalls, ihre rationellen Fähigkeiten zu neutralisieren, als ob diese die künstlerisch fruchtbaren psychischen Prädispositionen hemmen würden. Und dies betrifft nicht nur Künstler des 20. Jahrhunderts. In *Born under Saturn (Les Enfants de Saturne)*[2] haben Rudolf und Margot Wittkower unterstrichen, daß schon in der Frühgeschichte der Menschheit Künstler regelmäßig versucht haben, einen Zustand zu erreichen, den wir gewissermaßen als erzwungene Psychose bezeichnen können: hungern, Schlaflosigkeit, verlängerte Wachperioden, körperliche Erschöpfung, eine Unterbrechung des Bio-Rhythmus etc.; alle diese Zustände erzeugen möglicherweise die Freisetzung von Endomorphinen.

Die „normalen" Künstler praktizieren diesen Wahnsinn jedoch nur in homöopathischen Dosen und in hyperbolischer Form, alleine mit dem Ziel, Kunst zu schaffen. Sie behalten die Kontrolle über ihren „Wahnsinn". Die ästhetischen Normen und die Erwartung des Publikums bestehen als Richtlinien für ihr künstlerisches Schaffen fort, vor allem, wenn sie versuchen, sie zu überschreiten. Anders gesagt, Kultur und Kommunikation greifen als Koordinaten ihres künstlerischen Bewußtseinsfeldes, ja sogar als Stimulatoren ihrer Ausdrucksfähigkeit ein.

Die Kultur und die Kommunikation haben dagegen keine oder gewissermaßen wenig Einwirkung auf den Weg der Künstler der *Art Brut* im allgemeinen, der Gugginger Künstler und Johann Hauser im speziellen. Es sind ihre Ärzte, Navratil und Freilacher, die daran gedacht haben, sie mit der Museumskunst zu konfrontieren und an ihrer öffentliche Akzeptanz als Künstler zu arbeiten. Sie selbst beschäftigen sich in keinster Weise mit Kunst. Wenn Hauser die englische Königin darstellt, stellt er keinerlei künstlerischen Bezug (weder Tradierung noch Rivalität noch Überschreitung) zum Schöpfer des Bildes, von dem er ausgeht, her. Unwichtig ist also, ob dieses Bild von irgend einem Photoreporter oder einem bekannten Portraitmaler stammt. Hauser orientiert sich nicht an Erwartungshaltungen in Bezug auf seinen Darstellungsmodus der Königin. Die Tatsache, daß wir ihm bei seinem Werk Frechheit oder Ironie unterstellen mögen, darf nicht darüber hinwegtäuschen, daß er dies gar nicht im Sinn hatte (als Francis Bacon zum Beispiel den Papst Innocent X darstellte, berücksichtigte er künstlerisch die Malerei von Velázquez und die mögliche Überraschung bei den Betrachtern, an die er sich richtete).

Kurz, wir haben recht – und haben sogar die Pflicht – zwischen der allgemeinen Kunst, die ihre Energie aus einer komplexen, sozialen Dialektik zieht, und der *Art Brut*, deren Intensität aus der sozialen Isolierung und einer fast schon autistischen Idiosynkrasie resultiert, zu unterscheiden. Es sind zwei unterschiedliche Wege, die zu zwei unterschiedlichen Ergebnissen führen (mit, wie immer, einigen Zwischenformen).

Bis zu diesem Punkt sehe ich mich nicht im Widerspruch zu den Überlegungen von Leo Navratil. Der Wahnsinn oder die Psychose stehen untrennbar in Verbindung mit der künstlerischen Kreation, indem sie nämlich gegebenenfalls auf besonders expressive Art und Weise das allgemeine psychotische Potential der Menschheit zum Ausdruck bringen. Was das spezifisch therapeutische Problem der medizinischen Behandlungsmethoden betrifft, so liegt dies in der Kompetenz der Ärzte und hat mit Kunst nichts zu tun. Sollten wir diese Frage aber dennoch aufwerfen, so bin ich der Meinung, daß man einen anthropologischen Standpunkt einnehmen sollte, um die Opposition zwischen Gesundheit und Krankheit zu relativieren. Die Gegensätze wie gut und böse, schön und häßlich, gerecht und ungerecht etc. sind keine absoluten, metaphysischen oder transzendentalen Bipolaritäten, sondern kulturell und historisch bedingt: Sie variieren je nach Epochen und Gesellschaften.

Die Frage der Kommunikation und Verbreitung der Werke der *Art Brut* im allgemeinen und der Produktion der Gugginger Künstler im speziellen bringt uns auf das Feld der Kunst zurück. Navratil erinnert daran, daß uns die Entwicklung der modernen Kunst auf die *Art Brut* aufmerksam gemacht hat. Ohne die Expressionisten, ohne die Surrealisten, ohne Dubuffet hätten wir sie vielleicht nicht entdeckt. Man muß hinzufügen, daß umgekehrt viele moderne Künstler in der *Art Brut*, in der „Zeichenkunst der Verrückten", in den spiritistischen Werken etc. eine neue Quelle der Inspiration erhofft und gefunden haben. Man kann sogar noch weitergehen und feststellen, daß, je mehr die etablierte Kunst an Substanz verlor und Opfer ihrer öffentlichen Akzeptanz und Verkommerzialisierung wurde, die *Art Brut* sich als eine wirklich authentische Alternative, als eine abenteuerliche Novität von wahrer Originalität durchsetzte.

Es ist diese widersprüchliche Energie, die meiner Meinung nach berücksichtigt werden sollte. Die Produktionen von Hauser, Gugging und der *Art Brut* im allgemeinen sind nicht nur einige zusätzliche und besondere Werke der Kunst, die eine Integration in das bereits überfrachtete Netzwerk der Bildenden Kunst verdienen: Sie stellen unseren Standpunkt zur Kunst generell in Frage. Welches sind die größten Künstler in Österreich im letzten halben Jahrhundert? Jeder, der seine Sinne sprechen läßt, statt Kunstzeitschriften und Börsennotierungen der Kunst seinem Urteil zugrunde zu legen, wird mit den Namen Johann Hauser, August Walla oder Oswald Tschirtner beginnen. Es ist bemerkenswert, daß diese Kunstwerke ihren Aufschwung in einem dem unechten Milieu der „zeitgenössischen Kunst" völlig fremden Umfeld erlebten. Man muß sich also fragen, ob die Kunstinstitutionen, das System der Kunsthallen, Galerien und der Päpste der jeweils angesagten Kunst noch zu respektieren sind? Können wir sie noch als wirkliche Autorität ansehen? Haben sie sich nicht bereits vollkommen disqualifiziert, indem sie unbedeutende Künstler heiligten? Sind sie nicht für die aktuelle Krise und den Verfall der Werte verantwortlich?

Die Ärzte, die sich um die Gugginger Künstler kümmern, haben recht, wenn sie versuchen, deren Werke so bekannt wie möglich zu machen. Gleichzeitig müßten sie aber auch darauf beharren, daß die subversive Energie solcher Produktionen auch im Bereich der Kunstinstitutionen und unserer allgemeinen künstlerischen Konzeptionen wirksam wird. Sich das Interesse der Museen und der Galerien der

Gegenwartskunst an den Gugginger Künstlern zunutze zu machen, wäre gleichbedeutend damit, sich zur Approbation der Mafia zu beglückwünschen. Die Ärzte, die noch vor allen anderen den Wert von Hauser, Walla und Tschirtner (oder von Wölfi, Aloïse, Carlo etc.) erkannt haben, sollten ihre Weitsichtigkeit ebenso in die andere Richtung lenken, um die Hochstapelei der sogenannten Kunstautoritäten aufzudecken und nicht um deren Zustimmung buhlen. Navratil bemüht sich, die Besonderheit der Werke, um die er sich gekümmert hat, in Bezug zur gegenwärtigen Kunst aufzuzeigen; das stimmt mit der Auffassung der *Art Brut* überein, die jene Werke subsummiert, die dem institutionalisierten Kunstbetrieb fernstehen und den gängigen Moden und kulturellen Auffassungen widerstehen. Diese Unterscheidung, lassen Sie es uns präzisieren, basiert nicht auf pathologischen, sondern auf künstlerischen Merkmalen. Sie sollte die Ärzte, die sich darum bemühen, die Gugginger Künstler bekannt zu machen, davon abhalten, sie in die verfälschende Szene der Gegenwartskunst einzuführen, wo sie derart Fremde sind, und die Werbestrategien der Galeristen zu adoptieren.

Aus dem Französischen von Carl Aigner

[1] im Original deutsch
[2] im Original englisch und französisch

Otto Breicha
JOHANN HAUSER PUNKTUM
(ODER: JEDENFALLS KONVULSISCH)

Zur Person weiß ich wenig, zum „Biographischen". Als hochgradig schwachsinnig wurde Hauser, siebzehn Jahre jung, hospitalisiert. Seit 1960 gibt es Zeichnungen von ihm. Als er 1996 starb, war er ein einigermaßen bekannter Künstler mit weit herum beachteten Ausstellungen und Veröffentlichungen. Im manischen Zustand war er laut und unternehmungslustig, jedoch in seinem Verhalten gebremst und reduziert, wenn er in einer depressiven Phase war. Zumeist zeichnete er nur, wenn man ihn dazu anhielt, war aber von allem Anfang an unangefochtener Star unter den Gugginger Künstlern. Wenn ich mit ihm seltene Male persönlich zu tun hatte, verlief das für mich nie sonderlich ersprießlich. Ich erlebte ihn beim mürrischen Kaffeetrinken im Aufenthaltsraum des „Hauses der Künstler". Schon im voraus war mir über ihn erzählt worden. Zu seiner Ausstellung im Grazer Kulturhaus kam er dann angereist. Bei der Pressevorstellung war er nur an einer ihm wohlgefälligen Journalistin interessiert. Ihr setzte er dann umständlich auseinander, wieviel Arbeit und Mühe es ihn gekostet hat, eine bestimmte Zeichnung in seiner Monographie, die eben erschienen war, auszuführen.

 Ab und zu soll er unruhig und querulant gewesen sein. Er haderte dann mit seiner Umgebung und beschimpfte vor allem die Verwandten, die sich, wie er meinte, viel zu wenig um ihn kümmerten. Im übrigen war in seinem Auftreten aber nichts Fahriges, sondern etwas bedächtig Nachdrückliches. So hat er auch gezeichnet, höchst bestimmt und mit schwerer Hand.

 Die Gugginger Kunstproduktion begann, als Leo Navratil die seiner Obhut Anvertrauten dazu anhielt, für ihn auf postkartengroßen Stücken Papiers zu zeichnen, Figuren, Tiere oder nächstbeste Gegenstände. Anfänglich in diagnostischer Absicht, um vom Gezeichneten auf die jeweilige psychische Stimmung zu schließen. Auf Grund dieser Bildergebnisse prägte dann Navratil den Begriff „zustandsgebundene" Kunst. Dafür war Johann Hauser ein Paradefall. In manischen Phasen entstanden seine spektakulärsten Arbeiten, unumwunden ausdrücklich und lebhaft farbig das Zeichenblatt füllend. Wogegen zur Zeit depressiver Tiefs nur Kümmerliches entstand, oft nur ein farbiges Rechteck, ein winziger blauer Stern oder ein schwarzweißer, steifer Schlangenwurm. Gewissermaßen spiegeln sich seelische Gezeiten im Gezeichneten. Doch ist im Fall des Johann Hauser entscheidend mehr entstanden als nur irgendetwas zum Zweck diagnostischer Argumentation, sondern, allseits attestiert, über sechsunddreißig Jahre hin ein veritables, interessant differenziertes Kunst-Werk.

 Künstler sind Seismographen, auch in ihrer Witterung von Kollegen. Künstler haben am Anfang des vorigen Jahrhunderts die damals sogenannte Negerkunst entdeckt, Künstler das bildnerische Schaffen psychiatrischer Patienten als kunstwürdig erkannt. Keiner hat sich dabei so bekennerisch hervorgetan wie Dubuffet. Seitdem sind es zunehmend viele geworden, und darunter nicht wenige, bei denen solche Neigungen verwundern. Was Hauser angeht, so sollte man gelesen haben, was Arnulf Rainer über den Gugginger Kollegen äußerte.

Mehr als das Was ist es das Wie, das Hauser als Künstler bestätigt. Zwar ist sein Zeichnen nichts, was aus ihm ursprünglich, leicht und locker sprudelt. Zumeist ließ er sich auffordern und bitten, aber hat, stelle ich mir vor, im Lauf der Zeit ein gewisses künstlerisches Selbstbewußtsein entwickelt. Bald renommierte er damit, Hunderte von Zeichnungen gemacht und damit viel Geld verdient zu haben. Bei einer seiner gelegentlichen Eskapaden in die umliegende Gegend aufgegriffen, versuchte er, die Gendarmen zu beeindrucken, indem er eine Rakete zeichnete. Als dann das eine und andere tatsächlich verkauft wurde, verschaffte ihm das gewisse Bequemlichkeiten. Obwohl er nicht schreiben konnte, signierte er mit vollem Namen, mit dem er gewissermaßen seine Zeichnungen „schmückte".

Abgesehen von den ihm aufgetragenen Motiven, läßt sich (zumal an den Zeichnungen der sechziger Jahre) ein gewisses persönliches Vorstellungsreservoir feststellen. Nicht nur, weil ein Mitpatient gern Aeroplane zeichnete, kommen Flugzeuge auch bei Hauser vor, beträchtlich aggressiver als die des Kollegen, reich mit phallischen Kanonenrohren bestückt (so wie seine Schlachtschiffe auch), gelegentlich kombiniert mit Bombenwürfen (die er in seiner Pressburger Jugend miterlebt hatte). Fahrzeuge aller Art (Mittel, um sich hinwegzubegeben?) interessierten ihn stark. So wünscht er sich zu Weihnachten ein „Mercedes"-Auto, ein amerikanisches Moped, einen Trittroller, ein Motorrad, einen Jeep-Wagen, sowie einen Privathubschrauber. Aber es gibt auch palastartige Gebäude (regelrechte „Schlösser"), in denen er wohl gern gewohnt hätte, und sogar ein knuspriges Lebzelthaus.

Vor allem und mit besonderer Inbrunst beschäftigte ihn aber die Erscheinung des Weiblichen. Frontal und beeindruckend massiv steht am Blatt, was ihn durchaus und immer wieder beschäftigte: Ausgeburten hoher (und weniger hoher) Minne, Mondfrauen, genitalische Madonnen, unheimliche Mutteridole und vertrackt Lüsternes. Es ist eine Erotik von sehr besonderer Eigenart, ebenso obsessiv wie unverwechselbar, ein Sichfestzeichnen am Herbeigewünschten. Hauser projizierte mit diesen Zeichnungen, was er vermißte, um „Aufträge" abzustatten oder um sich die Langeweile zu vertreiben, indem er dies&das (aber vor allem eben dieses) aufs Papier brachte. Ungebremst deutlich wird jeweils gerändert und gefurcht, was stark drängt und verdrängt (verdaut) wird. Aus der Anspannung zwischen Vorgabe und der Bewerkstelligung resultierte künstlerische Gestaltung (im buchstäblichen Sinn). Ihre Intensität ist das, was sie rundherum unterscheidet. Daß man Arbeiten Hausers sogleich erkennt und identifiziert, gehört mit zu ihrer Eigenart und rechtfertigt den Rang, den man ihnen zunehmend beimißt. Im Mekka der psychopathologischen Kunst, dem L'Art Brut Museum zu Lausanne, sind Hauser-Zeichnungen in einer Vitrine ausgelegt, darunter die Darstellung der Englischen Queen nebst einer Krone vom Ausmaß einer amerikanischen Hochzeitstorte. Hauser hat dieses Blatt nach der Titelseite einer illustrierten Zeitschrift angefertigt (die in Lausanne neben dem Blatt zu sehen ist). Obwohl er sie abzeichnete, hat Hauser damit etwas Neues geschaffen, was sich zwar vergleichen läßt, aber durchaus etwas anderes ist. Nämlich ein Kunstwerk anderswie, das sich unter den anderswelchen Kunstwerken in Lausanne überzeugend behauptet.

Seit der Prinzhornschen Ersterforschung dieses künstlerischen Kontinents ist über dieses wie auch immer etikettierte Anderswie ausgiebigst spekuliert worden. Aber kaum ausreichend aufgeschlüsselt, was an diesen künstlerischen Äußerungen, die nicht unbedingt Kunst bezwecken, fasziniert. Gewiß spielt dabei ein gewisser „Exotismus" eine Rolle, das fremd An- und Berührende dieser Kreationen. Aber vielleicht auch ein zunehmender Hang, sich jenseits des Mainstreams gängiger Angebote zu begeben, indem dort bewußtes Kunstkalkül kaum gilt, sondern das Unmittelbare, Frische und „Rohe" eigentümlich und unverdünnt vorkommt. So verhält es sich bei Hauser. Was er zeichnet, zeichnet er nicht, weil er es absichtlich so anlegt, sondern weil er förmlich nicht anders kann. Das zeigt sich (wie im konkreten Fall) stets dann, wenn Bilder nach Vorlagen entstanden sind.

Unter den Bildern, die ihm zum Nachzeichnen vorgeschlagen wurden, gefielen Hauser ausgesprochen realistische am besten, wenn er nicht überhaupt (so wie bei der Königin-Darstellung) in der Regel von fotografischer Wiedergabe ausgegangen ist. Sicherlich wollte er, stelle ich mir vor, alles so zeigen, wie er es, gemäß der gedruckten Vorlage, sah. Das aber hat er (zum Vorteil des dabei Herausgebrachten) nicht vermocht. Eben im Unterschied liegt die Würze, läßt sich manches erläutern, was beim Zeichnen Hausers eine Rolle spielt und dieses belangvoll macht. Das gewisse feine königliche Lächeln gerät zur zähnefletschenden Grimasse, die Farben sind allgemein übertrieben, eine Krone ist aufgetürmt, um auch noch diese Bildecke aufzufüllen. Fülle und Intensität sind angesagt bei dem, was mit gravierenden Strichen zwingend entsteht, was auf das jeweilige Motiv ausgerichtet ist, aber zugleich an diesem vorbeiführt. Es ist gewissermaßen ein Treffen im Vorbeischießen.

Hauser vermag es nicht anders, wie er es zu Papier bringt, aber gerade so ist es für den, der sich auf seine Bildangelegenheiten einläßt, insbesonders anziehend. Dem, was Hauser zeichnet, ist anzumerken, daß es ihm Mühe macht. Dementsprechend ist die Art&Weise der Bewerkstelligung. Lockerleichtes kann so nicht entstehen, sondern er bezeugt in seiner besonderen Zueinanderfügung Entschlossenheit. Was andere machten, interessierte Hauser kaum. So hat er sich einmal entschieden geweigert, mit einem bildnerisch interessierten Therapeuten gemeinsam auf einem Blatt zu zeichnen. Wenn er zeichnete, beschäftigte er sich mit sich selber und seinen eigenen Angelegenheiten. Allerdings möchte ich (gerade in seinem Fall) nicht eben auf jene ominöse „eigene Welt" anspielen, die rasch einmal herhalten muß, um dergleichen zu erläutern. Für mich sind es vielmehr Fixpunkte seiner Vorstellung, die er sich abnötigte (und oft auch abnötigen ließ). Es sind keine „Weltbilder" (wie bei mancheinem einschlägigen Kollegen), sondern einzeln Bemerktes, das allenfalls auf ein solches insgesamt schließen läßt. Hauser werkte direkt und unmittelbar. Frontal konfrontierte er sich mit dem, was er dem Papier zumutete. Schon physisch war, wie man festgestellt hat, sein räumliches Empfinden eingeschränkt, doch fehlte ebenso der Hintergrund, alles Perspektivische. Vermutlich ist auch dieses schroffe Gegenüber mit ein Grund, daß Hausers Bildschöpfungen derart unmittelbar berühren.

Gestandene Seelenkundler werden sich an den Inhalten festbeißen, zumal an Hausers unzimperlich sexualisierten Frauendarstellungen. Gewiß ein ergiebiges Thema, das allerdings eine eingehendere Kenntnis biographischer Umstände und sonstiger Zusammenhänge voraussetzt. Jedenfalls reagierte Hauser dabei unwillkürlich und ohne erkennbare Absicht im weiteren. Er lebte in seinen Zeichnungen ein behindertes Geschlechtsleben nicht explizit aus, aber es spielte bei seinem Zeichnen entscheidend mit herein. Selbst Engel und Madonnen wurden mehr oder weniger ausführlich mit Geschlechtsmerkmalen versehen. Über das so Offensichtliche hinaus gibt es auch sonst noch allerhand, was für den sachkundigen Interpreten ersprießlich wäre.

Im wesentlichen sind im Lausanner Museum Hervorbringungen versammelt, die im Sinn seines Begründers „rohe Kunst" sind, in ihrer Auffassung und Bewerkstelligung unverbildet, von Konventionen und Übereinkünften tunlichst unberührt. Für Dubuffet war eben das die Voraussetzung, daß jene Seltsamkeit und Suggestion entsteht, die das Anderswie anders macht. Wie Dubuffet haben auch andere empfunden. Breton etwa hat gemeint, künftige „Schönheit" (was immer diese wäre) würde „konvulsisch" sein oder garnicht stattfinden. Konvulsisch ist Hausers Bildschaffen allemal. Seine Zeichnungen sind, was sie sind, eben auf Grund dieser bestimmten Qualität. Im Konvulsischen nämlich (man verzeihe den Kalauer, aber es stimmt!) ist Hauser künstlerisch zu Hause.

Roger Cardinal
ÜBER JOHANN HAUSER

Dieser Artikel wurde erstmals 1979 unter dem Titel *Enigma of Johann Hauser* veröffentlicht.[1]

Die weibliche Figur, die so viele Zeichnungen von Johann Hauser beherrscht, ist eine eindrückliche sexuelle Erscheinung. Finsteren Gesichts starrt sie in die Welt. Riesige ovale Augen sind durch eine von dicken schwarzen Rändern umgebene Iris markiert, und buschige Wimpernkreise verstärken noch den penetranten Blick. Ein großer geöffneter Mund, mit Reihen von weißen Zähnen, grinst uns halb willkommen, halb drohend entgegen. Steif und aufrecht nimmt die Figur die Welt aufs Korn, und zwar nicht nur mit den Augen, sondern auch durch die stark betonten Aspekte des Körpers: dick umrandete Brustwarzen zeigen schamlos in die Welt, der Nabel besteht aus mehreren konzentrischen Ringen, und die Vulva ist eine scharf gezeichnete und von schwarzen Strahllinien umgebene, frontal exponierte Raute. Das Gesäß ist dem Unterkörper oft nur ungeschickt hinzugefügt, ist aber auch so eine Ikone dargestellter Wollust. Ganz besonders aber ist es das Haar – diese luxuriöse Mähne mit ihren kräftigen Locken und rabenschwarzen Ringeln – welches zum triumphalen Hauptschmuck dieser Königin des Erotischen wird. Dieses Haar verdeckt oft viel von der eigentlichen Figur und erzeugt damit den Eindruck von gleichzeitiger Zurschaustellung und Verschleierung; es ist gerade dieses wildwachsende Haar, das mehr als alles andere ungezähmte erotische Kraft suggeriert.

Diese Frauenfigur strahlt eine gewaltige Daseinskraft aus, die in ihrer verheerenden Bösartigkeit sicher zu fürchten ist, doch hat sie offensichtlich für den Künstler einen großen erotischen Reiz. Diese Faszination erklärt sich aus der beunruhigenden Mischung von Verführung und Bedrohung.

Johann Hauser war einer der rund vierzig Künstler, deren Werk vor kurzem in der Ausstellung „Outsiders" in der Hayward Gallery in London gezeigt wurde.[2] Seine Bilder wurden zusammen mit den Werken von sechs weiteren Künstlern, die alle im Landeskrankenhaus Klosterneuburg bei Wien wohnen, ausgestellt. Leo Navratil, ein großer Experte in der Studie des Verhältnisses zwischen Psychopathologie und Kunst, hat in dieser Anstalt ein ganz außergewöhnliches Team von Künstlern im literarischen und bildnerischen Feld durch Jahre hindurch gepflegt und betreut. Johann Hauser gilt als eines der hervorragendsten Talente graphischer Kunst in dieser Gemeinschaft. Nach mehreren erfolgreichen öffentlichen Ausstellungen seiner Werke wird er nun mit einer wichtigen Monographie von Leo Navratil mit dem Titel *Johann Hauser: Kunst aus Manie und Depression*[3] gewürdigt. Neben den vielen Illustrationen besteht das Verdienst des Buches vor allem auch darin, daß – obwohl auch psychiatrisches Material zur Diskussion kommt – hier im allgemeinen nicht nur eine klinische Diagnose, sondern vor allem auch eine Studie der künstlerischen Dimension von Hausers Werk ausgearbeitet wird.

Über Hausers Lebensgeschichte sind nur wenige, und bezeichnend karge Einzelheiten bekannt. Er kam als unehelicher Sohn einer schon älteren Witwe auf die Welt. Im Jahre 1943, als er siebzehn Jahre alt war, wurde er in einem Flüchtlingslager von seiner Mutter getrennt und in ein Asyl für Geisteskranke eingewiesen. Von jenem Zeitpunkt an lebte er ununterbrochen in Institutionen und kam später nach Klosterneuburg zur Betreuung durch Leo Navratil. Johann Hauser kann weder lesen noch schreiben und ist als schwachsinnig diagnostiziert. Die einzige Fertigkeit, die er neben dem Zeichnen noch beherrscht, ist ein gewisses Können auf der Mundharmonika. Er hat nun schon dreieinhalb Jahrzehnte in Institutionen verbracht, und seine Erfahrung der Außenwelt ist gering. (Wohl ist es ihm gelungen, ein oder zweimal allein zu einem Spaziergang auszureißen – und hin und wieder nahm er auch teil an einer Tagesfahrt nach Wien). So gleicht denn Johann Hauser in vielem seinem Namensvetter Kaspar: Er ist ein *enfant sauvage*, frei und relativ unbeeinflußt von Kultur und Gesellschaft. Kunst, die von solchen Menschen stammt, mag sich wohl dem Konzept des „chemisch reinen" Produkts annähern, welches Jean Dubuffet vorschwebte, als er seine Kriterien für *Art Brut* zu formulieren suchte. Das Werk Johann Hausers zeigt in der Tat fast keine Affinität zum allgemeinen Kulturgut, im Sinne einer kollektiv anerkannten Kunsttradition. Und doch sind seine Bilder offensichtlich nicht ohne prägende Einflüsse. Gerade darum sind sie wohl von besonderer Eindruckskraft für unsere von Gesellschaft und Kultur gebildete Empfindsamkeit.

Hauser begann um 1959 zu zeichnen, zu einer Zeit, als Navratil daran war, eine alternative Therapie zu entwickeln, indem er seine Patienten dazu ermutigte, sich künstlerisch auszudrücken. Es ist eine Therapie, die auf das Individuum eingeht, und in welcher es dem Patienten völlig freigelassen wird, zu zeichnen oder zu schreiben, je nach Bedürfnis oder Neigung. Manchmal spontan, des öfteren aber auf Anregung des Arztes hin, kommt Hauser bisweilen ins Büro von Leo Navratil, um dort in einer Ecke ruhig zu arbeiten. Es liegt Navratil viel daran, das Prinzip der freien Wahl zu betonen – der Arzt sieht sich hier nur als eine Quelle der Anregung und der Ermöglichung. Doch ist es auch wahr, daß er letzten Endes Hauser nicht selten Themen und Gegenstände für seine Zeichnungen vorschlägt. Somit ist er wohl in diesem Zusammenhang ein nicht ganz objektiver oder neutraler Begutachter. In der Tat ist ja die Erhaltung einer Atmosphäre gegenseitigen Vertrauens ohne Beeinflussung des Patienten sicher ein schwieriges Unternehmen. Dies ist und bleibt eines der grundlegenden Probleme der Kunsttherapie. So wie jedoch Navratil den Fall Hauser in seinen Veröffentlichungen beschreibt, scheint es mir klar zu sein, daß hier die Dominanz des Arztes keineswegs die Art und Weise, wie Hauser zeichnet, beeinflußt hat.

Johann Hauser ist manisch-depressiv. Während relativ langen Perioden zeigt er sich als überaus erregt, mitteilsam und äußerst unternehmungslustig. Darauf folgen kurze

Zeitspannen, wo er in teilnahmsloser Dämmerung dahindöst. Auch Zwischenstadien gibt es, wo ihm ein Gleichgewicht zwischen diesen Extremen gelingt.

Es ist während den manischen Perioden, daß Hauser seine eindrücklichsten Bilder gestaltet. Er scheint Schübe von angestauter Energie abzureagieren, indem er mit Farbstiften heftig kritzelt oder mit einer Graviernadel auf einer Platte Figuren formt, deren stark betonte Umrisse und wildes Haargewirr auf extreme innere Erregung deuten. In solchen manischen Perioden zeigt seine Arbeit eine flüssige und souveräne Beherrschung verschiedenartigster Themen, wie zum Beispiel: Flugzeuge, Panzer, Krankenwagen, Raketen, Häuser, Kirchen, Schlösser, Schlangen und andere Tiere, sowie auch Teufel, und vor allem immer wieder die herrische Frauenfigur, von der ich eingangs bereits gesprochen habe.

In seinem depressiven Zustand dagegen zeichnet Hauser nur, wenn man ihn ausdrücklich darum bittet. Dann produziert er schematische und streng geometrische Formen, die weder Rhythmus noch Farbe haben. Die resultierenden Vierecke, Herzen und Sterne haben zwar einen minimalen Reiz, doch interessieren sie uns vor allem in ihrer Funktion als Kontrast zu Hausers manischen Bildern und – so nehme ich jedenfalls an – weil sie unsere Sympathie erwecken durch die kläglichen Umstände ihrer Entstehung.

Navratil widmet einen Teil seiner Studie einem Vergleich von Bildern mit ähnlichen Themen, die Hauser zu verschiedenen Zeitpunkten anfertigte. Der Kontrast zwischen den zwei Ausdrucksweisen (zwischen dem manischen und dem depressiven Moment) zeigt sich auch für den Laien in der Psychiatrie mit vollkommener Deutlichkeit. Navratil vertritt den Standpunkt, daß Hausers künstlerische Ausdrucksweise unweigerlich von seinem jeweiligen Geistes- und Gefühlszustand bestimmt wird. Seine Kreativität ist offensichtlich „zustandsgebunden" (Roland Fischer), d.h. sie wird bestimmt vom psychischen Befinden des Künstlers zur Zeit der Kreation und nicht etwa von gesellschaftlichem Druck oder anderen äußeren Einflüssen. (In diesem Sinn kann dann auch Navratils Beziehung zum Künstler und die Umstände, in denen dieser sein Werk in Angriff nimmt, als irrelevant abgetan werden.) In der Tat machen gerade die zwei unterschiedlichen Ausdrucksweisen Hausers Kunst zum beispielhaften Fall schöpferischer Autonomie: „Alle formalen und physiognomischen Unterschiede in seinen Arbeiten widerspiegeln seine unterschiedliche seelische Verfassung. Diese strenge Zustandsgebundenheit seines Schaffens verleiht seinem Werk die absolute Authentizität", erklärt Navratil in seiner Monographie.[4]

Obwohl Hauser uns somit als musterhaftes Beispiel autistischer Autonomie erscheinen mag, so muß doch auch zugegeben werden, daß seine schöpferische Identität sich doch nicht vollkommen unabhängig von jeder äußeren Anregung entwickelt hat. Zwar ist es unbestreitbar, daß er kaum von Kunst, im traditionellen und kulturellen Sinn, etwas weiß,[5] doch verbringt er immerhin geraume Zeit vor dem Fernsehen, und zeigt auch eine gewisse Vorliebe für die nackten Schönheiten verschiedener österreichischer Wochenzeitungen. Dabei gefallen ihm besonders wohlgerundete Damen mit langem Haar und großen Augen, die ihm dann als Modell und Inspiration für seine Zeichnungen dienen. Hauser zeichnet aber nicht einfach ab. Die Energie und Zuversicht, die sich aus seinem manischen Zustand ergeben, erlauben ihm, sein Ideal anzustreben. Das Ergebnis ist immer wieder die brutal primitive Verzerrung des Vorbildes. Seltsam ist, daß Hauser dies selber nicht zu erkennen scheint. Er soll sogar gesagt haben, daß er seine Version als eine ganz getreue Abbildung ansieht, und zudem noch als eine Verbesserung des Originals.[6] (Nur in seinen depressiven Momenten verwirft er manchmal seine Bilder als unzulänglich.)

Es muß daher betont werden, daß Hausers Bilder keine Karikaturen sind. Wenn ihm eine getreue Abbildung einer Figur in einem Photo nicht gelingt, ist das nicht, weil er sich nicht genügend darum bemühte. Vielmehr sind hier gewisse physische und psychische Faktoren im Spiel. Zum Beispiel ist Hauser sehbehindert, was offensichtlich sein Verstehen des dreidimensionalen Raums beeinträchtigt; des weitern ist seine Intelligenz unterentwickelt, und er ist Gefühlsextremen ausgeliefert, die er nicht bewältigen kann. Auch hat er sich nie für Zeichenmethoden interessiert, die seine Abbildungen wirklichkeitsgetreuer gestaltet hätten.

Unter solchen Bedingungen wäre zu erwarten, daß Hauser nur belanglose Kritzeleien anfertigen würde. Tatsache jedoch ist, daß seinen Verzerrungen realistisch dargestellter Zeitungsnackedeien eine ganz besondere Ausstrahlung und Autorität inne sind. Hauser verfehlt sein Ziel auf ganz souveräne Art: hier gibt er der Kurve eines Gliedes übertriebenen Schwung, dort dramatisiert er *nolens volens* einen Oberflächenaspekt, wie zum Beispiel einen Schattenfleck; oder aber er betont den Geschlechtsteil, der im Original überhaupt nicht sichtbar ist. Natürlich ist dies ein Symptom einer unzulänglichen Kontrolle über den mimetischen Impuls. Doch äußert sich gerade in diesen Fehltritten und Absonderlichkeiten die schöpferische Eigenheit dieses Künstlers. In einer seltsamen Verkehrung ist es gerade die mißratene Kopie, die in ihrer künstlerischen Kohärenz und ikonischen Würde den geschmacklosen Glanz des Originals weit hinter sich zurückläßt. Hier wird eine neue und aufregende Kunst geboren, in der die bewußte Absicht des Künstlers vom dringenden Diktat des Instinkts verdrängt wird.

Daß es Johann Hauser gelingt, einen künstlerischen Stil zu entwickeln, indem er sich ohne Vorbehalt seinen libidinösen Impulsen ergibt, ist auf jeden Fall bemerkenswert. Zwar hängt die Qualität seiner Ausdruckskraft von seinem jeweiligen seelischen Zustand ab, doch haben alle seine Zeichnungen ganz deutlich einen individuellen Charakter. So liegt es denn nahe, Hauser als eine Art expressionistischen Künstler zu sehen, für den – so erklärt Navratil – eine aufs Papier gezeichnete Linie für sein ganzes Wesen verbindlich ist – anstatt Symbol wird sie hier zum persönlich prägenden Zeichen. Des weitern, so Navratil, gewinnt nun Hauser an Selbstvertrauen, und seine neuesten Bilder gleichen immer mehr Gebilden der Phantasie und verlieren langsam die impulsive

Explosionskraft der früheren Zeichnungen. „Schon der einzelne Strich und seine Hervorbringung ist für Johann Hauser nicht nur eine sublimierte Triebbefriedigung, sondern gleichzeitig ein Akt der Selbstbeherrschung, der Herstellung einer Ordnung und der Behauptung seines Ichs."[7] Wachsendes Selbstvertrauen zeigt sich auch in der Entwicklung von Hausers Unterschrift, die nun mit jeder Zeichnung selbstsicherer wird. Als Geisteskranker hatte Hauser keine gesellschaftliche Identität, nun aber ist er auf dem Weg, als Künstler sich selbst zu finden, und wir dürfen wohl annehmen, daß dies so ist, weil künstlerische Bildnerei eine außergewöhnlich wirksame Methode ist, mit dem inneren Ich in Kontakt zu kommen.

Hier lohnt es sich zu fragen, wie sich nun Hausers Kunst weiter entwickeln wird. Sein Werk gibt bereits Anlaß zu faszinierender Spekulation, was unser Kunstverständnis im allgemeinen betrifft. In welchem Maße ist expressive Verzerrung kalter, realistischer Nachahmung vorzuziehen? Ist die Idee, daß Selbstäußerung kein bedachter sondern ein instinktiver Impuls ist, überhaupt vertretbar? Ist die unverfeinerte Äußerung des menschlichen Es ein legitimes Thema für echte Kunst? Sind die seltenen Geisteskranken, die ansprechende und individuelle Bilder hervorbringen, einfach absonderliche Ausnahmen, oder sind sie irgendwie verwandt mit den Expressionisten und den Surrealisten? Gibt ihr Beispiel uns Einsicht in die Natur der menschlichen Kreativität überhaupt? In einem anderen Text vertritt Leo Navratil den Standpunkt, daß eine Psychose, unter gewissen Umständen, sich als schöpferischer Zustand manifestieren kann. Doch meint er auch, daß Kreativität sicher allen Menschen gegeben wäre, und nicht das Privileg des Geisteskranken oder des Genies sei.[8] Wenn dies in der Tat der Fall ist, dann können die Bildnereien von Künstlern wie Johann Hauser, Martin Ramirez, Adolf Wölfli und anderen hervorragenden Outsiders uns einen lehrreichen Ansporn geben, über die dogmatischen Kriterien unserer Kunstbewertung nachzudenken, und die alteingesessenen Abgrenzungen einer kulturell bestimmten Kunstlandschaft wieder einmal unter die Lupe zu nehmen.

Aus dem Englischen übertragen von Agnès Cardinal

Canterbury, August 2000

[1] Artscribe, Nr. 17, London, 1979, 27-29.
[2] *Outsiders. An art without precedent or tradition*, organisiert von Roger Cardinal und Victor Musgrave, mit der Unterstützung des Arts Council of Great Britain, London, Februar-April 1979.
[3] Leo Navratil: *Johann Hauser. Kunst aus Manie und Depression*. Rogner & Bernhard, München, 1978.
[4] Navratil, 224.
[5] Navratil erzählt, daß er Johann Hauser Bilder von Picasso und Jawlensky zeigte, weil im allgemeinen angenommen wird, daß diese Malereien die disjunktive Verfassung des Geisteskranken ansprechen. Hauser jedoch verwarf diese sogleich zu Gunsten der poetisch-realistischen Darstellungen von Karl Spitzweg. (Navratil, 26).
[6] Navratil, 96.
[7] Navratil, 88.
[8] Alfred Bader & Leo Navratil: *Zwischen Wahn und Wirlichkeit. Kunst-Psychose-Kreativität*.
C.J. Bucher, Luzern/Frankfurt a. M., 1976, 108f.

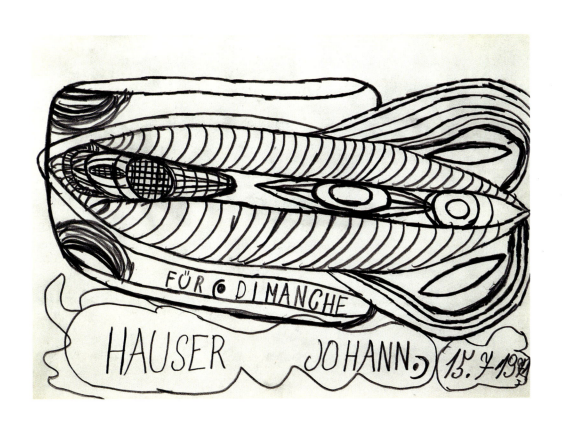

Tragflügelboot, 15. 7. 1971 · Bleistift auf Papier, 21 x 29,7 cm
Privatbesitz Lui Dimanche, Wien

Frauenkopf, 24. 4. 1971 · Bleistift, Wachskreide, Filzstift auf Papier, 18 x 14 cm
Privatsammlung Heinz Kammerer, Wien

Hubschrauber, 10.-15. 3. 1971 · Bleistift, Farbstift auf Papier, 30 x 40 cm
Privatsammlung Heinz Kammerer, Wien

Almhütte, 27. 3. 1971 · Bleistift, Farbstift auf Papier, 29,5 x 40 cm
Privatsammlung Heinz Kammerer, Wien

Schloß, 31. 3. 1971 · Bleistift, Farbstift auf Papier, 30 x 40 cm
Privatsammlung

Frau, 1971 · Bleistift auf Papier, 29,5 x 21 cm
Privatsammlung, Wien

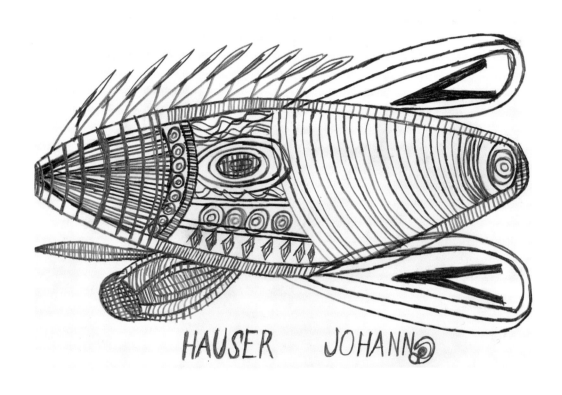

Flugzeug, 1971 · Bleistift auf Papier, 21 x 29,5 cm
Privatsammlung

Nackte Frau, 6.2.1971 · Bleistift, Farbstift auf Papier, 40 x 30 cm
Sammlung Helmut Zambo, Badenweiler-Wien

Frau, 2.4.1971 · Bleistift, Farbstift auf Papier, 40 x 30 cm
Sammlung Helmut Zambo, Badenweiler-Wien

Frau, 9.11.1971 · Bleistift, Farbstift auf Papier, 29,7 × 21,1 cm
Sammlung Essl – Schömer Ges.m.b.H., Klosterneuburg/Wien

Gelbe Frau, 15.5.1969 · Bleistift, Farbstift auf Papier, 48 x 32 cm
Collection de l'Art Brut, Lausanne

Frau, 1971 · Bleistift auf Papier, 19,5 x 14,5 cm
Niederösterreichisches Landesmuseum, St. Pölten – Sammlung Leo Navratil

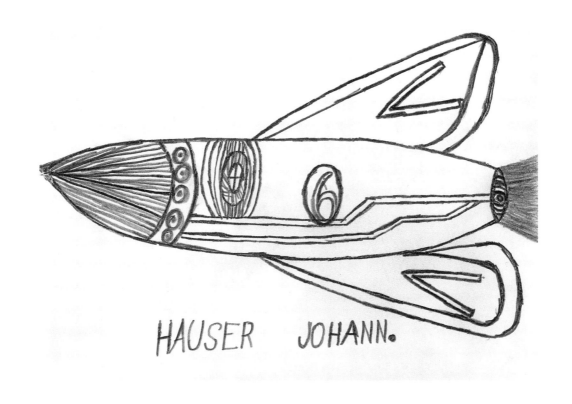

Rakete, September 1971 · Bleistift auf Papier, 21 x 29,7 cm
Sammlung Helmut Zambo, Badenweiler-Wien

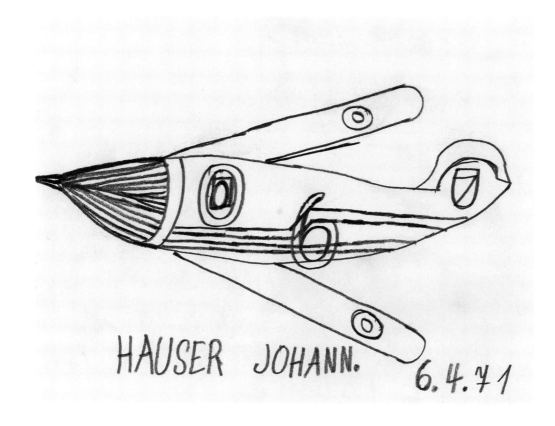

Düsenjäger, 6. 4. 1971 · Bleistift auf Papier, 20,7 x 29,5 cm
Sammlung Helmut Zambo, Badenweiler-Wien

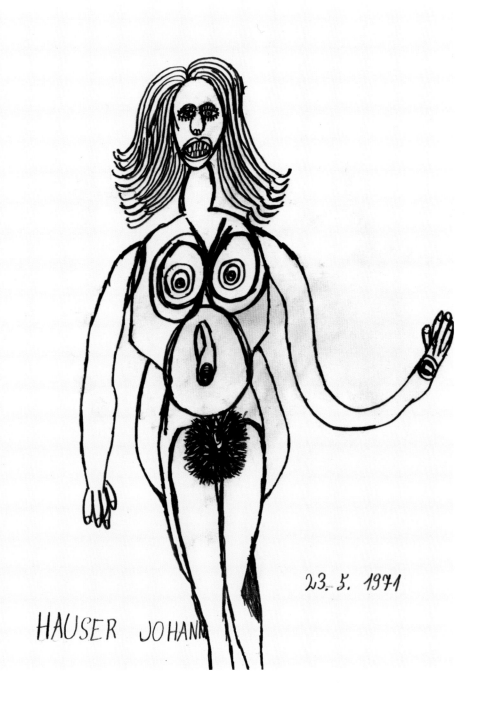

Nackte Frau, 23. 5. 1971 · Bleistift auf Papier, 40 x 30 cm
Collection de l'Art Brut, Lausanne

Frau, 2. 3. 1971 · Bleistift, Farbstift auf Papier, 40 x 30 cm
Sammlung Helmut Zambo, Badenweiler-Wien

Rote Frau, 10.3.1971 · Bleistift, Farbstift auf Papier, 40 x 30 cm
Privatsammlung

Frau, 16.9.1971 · Bleistift auf Papier, 40 x 30 cm
Sammlung Heike Curtze

Moped, 26.11.1971 · Bleistift auf Papier, 14,8 x 21 cm
Sammlung Helmut Zambo, Badenweiler-Wien

Frau, 5. 8. 1972 · Bleistift auf Papier, 29,5 x 21 cm
Privatsammlung

Herz und Schlange, 24. 8. 1972 · Bleistift, Farbstift auf Papier, 21 x 29,8 cm
Privatsammlung

Viereck, 26.6.1973 · Bleistift, Farbstift auf Papier, 22 x 30 cm
Sammlung Helmut Zambo, Badenweiler-Wien

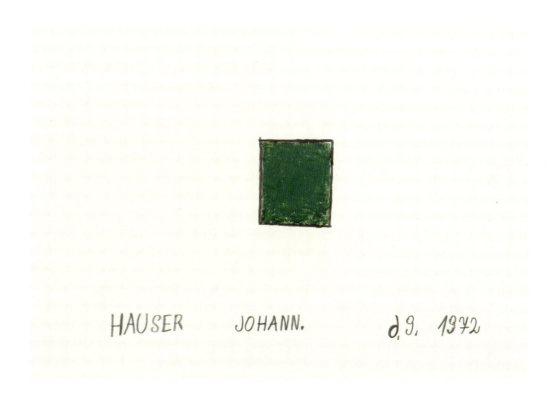

Grünes Viereck, 6. 9. 1972 · Bleistift, Wachskreide auf Papier, 21 x 29,5 cm
Privatsammlung

Rotes Viereck, 1973 · Farbstift auf Papier, 21 x 30 cm
Sammlung Helmut Zambo, Badenweiler-Wien

Löwe, 16. 9. 1972 · Bleistift auf Papier, 14,8 x 20 cm
Sammlung Helmut Zambo, Badenweiler-Wien

Steinadler und Wildtaube, 31.5.1974 · Bleistift, Wachskreide, Collage auf Papier, 30,5 x 43 cm
Privatsammlung Heinz Kammerer, Wien

Frau mit Eule und Mond, 17. 5. 1974 · Bleistift, Farbstift auf Papier, 40 x 30 cm
Privatsammlung Heinz Kammerer, Wien

Frau, 1974 · Bleistift, Farbstift auf Papier, 40 x 29,9 cm
Privatbesitz, Salzburg

Löwe, 1974 · Bleistift, Farbstift auf Papier, 30 x 40 cm
Sammlung Rolf Röthlisberger, Davos

Liegende (nach Boucher), 1974 · Bleistift auf Papier, 30,2 x 44,6 cm
Ph. Konzett

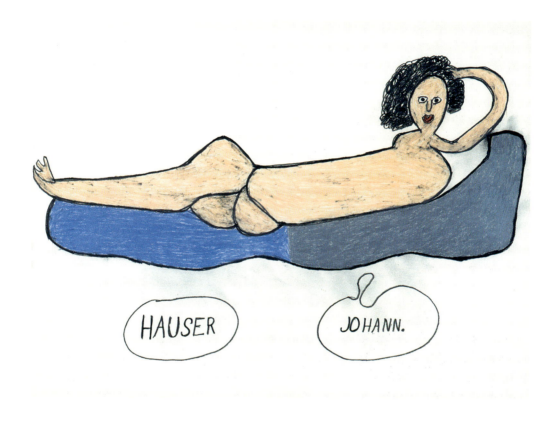

Frau auf Diwan, 22. 2. 1974 · Bleistift, Farbstift auf Papier, 30 x 40 cm
Privatsammlung Heinz Kammerer, Wien

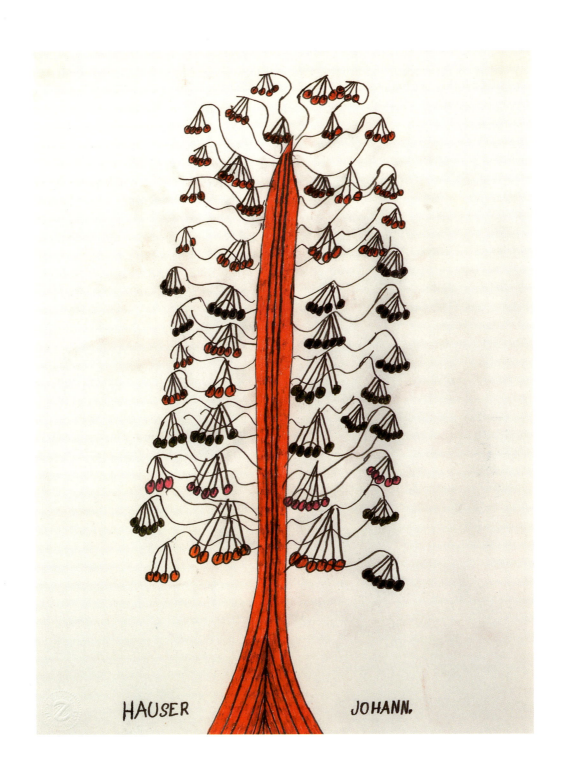

Kirschbaum, 16. 2. 1974 · Bleistift, Farbstift auf Papier, 40 x 30 cm
Sammlung Helmut Zambo, Badenweiler-Wien

Haus mit Mond, 1974 · Bleistift, Farbstift auf Papier, 30 x 40 cm
Sammlung Günter Rombold, Linz

Nikolaus, 12.7.1974 · Bleistift, Wachskreide auf Papier, 43 x 30,5 cm
Privatsammlung Heinz Kammerer, Wien

Frau, 2.5.1974 · Bleistift, Farbstift auf Papier, 29,7 x 21 cm
Privatbesitz, Graz

Zeichenpost, Mai 1974 · Bleistift auf Papier, 21 x 15 cm
Museum moderner Kunst Stiftung Ludwig Wien – Die Künstler aus Gugging, Sammlung Leo Navratil

Mädchen mit Hasen, 1. 7. 1974 · Bleistift auf Papier, 30,5 x 43 cm
Privatsammlung Heinz Kammerer, Wien

Frau und Schlange, 19. 7. 1974 · Bleistift auf Papier, 30,5 x 43 cm
Sammlung Helmut Zambo, Badenweiler-Wien

Flugzeug, 22.3.1974 · Bleistift, Farbstift auf Papier, 30 x 40 cm
Sammlung Helmut Zambo, Badenweiler-Wien

Sterne, undatiert · Bleistift, Farbstift auf Papier, 39 x 23,5 cm
Privatsammlung Heinz Kammerer, Wien

Haus und Mond, 24.1.1975 · Bleistift, Farbstift auf Papier, 30 x 40 cm
Sammlung Helmut Zambo, Badenweiler-Wien

Madonna, undatiert · Bleistift, Wachskreide auf Papier, 44,4 x 30,3 cm
Privatsammlung

Negerin in gelb-rotem Mantel, 1978 · Bleistift, Farbstift auf Papier, 40 x 30 cm
Neue Galerie der Stadt Linz

Königin, 24. 8. 1978 · Bleistift, Farbstift auf Papier, 40 x 30 cm
Sammlung Heike Curtze

Löwe, 20. 5. 1979 · Bleistift auf Papier, 21 x 29,7 cm
Sammlung Helmut Zambo, Badenweiler-Wien

Fugzeug, undatiert · Bleistift, Farbstift, Kugelschreiber auf Papier, 24,5 x 34 cm
Museum moderner Kunst Stiftung Ludwig Wien – Die Künstler aus Gugging, Sammlung Leo Navratil

Peter Baum
ZUR GRUNDSÄTZLICHEN BEDEUTUNG DER WERKE PSYCHISCH KRANKER FÜR DIE KUNST UND DEREN REZEPTION

Erinnerungen an Johann Hauser und die frühen Jahre der Gugginger Zeichner

Unter den Künstlern aus „Gugging" ist Johann Hauser wahrscheinlich die stärkste Persönlichkeit. Er und der ganz anders gelagerte, in seinen Zeichnungen ungemein sensible Oswald Tschirtner, verdeutlichen die enorme Spannweite, die die stark voneinander abweichenden Arbeiten aus dem Niederösterreichischen Landeskrankenhaus für Psychiatrie und Neurologie in Klosterneuburg für sich beanspruchen können.

Hausers kraftvolle, meist an der menschlichen Figur und dem Porträt thematisch orientierten Werke sind von bezwingender Originalität, markantem expressiven Gestus und einer spröden Festigkeit, die sich nicht zuletzt davon ableitet, daß der im Schreiben wenig geübte Autodidakt seine zeichnerische Begabung nur mit großen Anstrengungen zu aktivieren vermochte. Markant wie sein intensiver, oft klar konturierender, dann wieder extrem verdichteter, bewegte Knäuel und Kraftfelder bildender Strich, sind auch seine kräftigen, vielfach hellen Farben und die deutliche, mitunter übergroße Signatur. Für das 1966 entstandene „Haus mit Sternen und Friedhof unter grünem Baum" (Neue Galerie Linz) trifft das zuletzt Gesagte zu; die „Frau mit schwarzem Rock", 1982, ist ein authentisches Zeugnis jener energetischen, verdichtenden zeichnerischen Tendenzen, die in Hausers stärksten manisch-depressiven Phasen in Verbindung mit einer sehr bestimmenden Formfindung stehen. Hausers Interesse an Sexualität ist evident, desgleichen seine Lust, nach Vorlagen, wie sie Kunstblätter oder Photos aus Illustrierten bilden, zu zeichnen.

Leo Navratil, der im Zusammenhang mit Hauser auch „die Besonderheit seines Unvermögens und dessen großartige Überwindung" hervorhebt (beides macht seine Kunst einmalig), spricht von einer auffallenden „formalen Präzision" und einer ebenso außergewöhnlichen „Lebhaftigkeit der Phantasie"[1].

Seit meiner ersten Begegnung mit Werken Johann Hausers zu Beginn der 70er Jahre in Wien hat mich die innere Erregtheit und Intensität seiner kleinen und mittelgroßen Arbeiten, seiner Farbstiftzeichnungen und Radierungen (letztere mit Vorliebe im Sinne von Unikaten koloriert), fasziniert. Im Herbst 1970 fand in der Galerie nächst St. Stephan unter dem Titel „Pareidolien" eine Ausstellung der Gugginger Künstler statt, an der 14 Patienten mit graphischen Werken beteiligt waren. Mit 500 Verkäufen (allerdings zu sehr niedrigen Preisen) verlief die

Ausstellung überaus erfolgreich. Sie fand außer bei Graphiksammlern vor allem bei Künstlern, unter ihnen viele Prominente der Avantgarde wie Arnulf Rainer oder Peter Pongratz, großes Interesse.

Zusammen mit dem Architekten Walter Prankl brachte ich im November 1972 eine ausschließlich den Gugginger Künstlern anläßlich ihrer zweiten Ausstellung in der Galerie nächst St. Stephan gewidmete Nummer der Wandzeitung „Umwelt · Design" heraus. Mit drei Abbildungen seiner Graphik war Johann Hauser in der ersten Bildzeile vertreten. Seine ungewöhnlichen Kunstwerke und die der anderen Patienten lösten in unserem Leser- und Seherkreis manche Irritation, zugleich aber auch Begeisterung und Neugierde aus. Das Interesse, das man dem ungewöhnlichen Material entgegenbrachte, war jedenfalls sehr groß und in vielen Fällen durchaus nachhaltig.

Aus dieser Zeit resultiert auch mein Kontakt zu Leo Navratil, den ich auf Grund seiner Fachkenntnisse und seines Einfühlungsvermögens in die Künstler und deren Werke sehr zu schätzen lernte. Seiner Tätigkeit als Förderer und kompetenter Wegbegleiter der Gugginger Zeichner ist nicht nur deren Entdeckung, sondern auch deren Erfolg und die große, seit langem internationale Anerkennung im Rahmen des zeitgenössischen Kunstgeschehens zu danken.

Ich selbst lernte Johann Hauser erst 1980 anläßlich eines Besuchs in Gugging kennen. Leo Navratil stellte mit mir ein Werkkontingent bestehend aus gestiftetem und gekauftem Material zusammen, das noch im selben Jahr als „Sammlung Leo Navratil" in der Neuen Galerie der Stadt Linz ausgestellt wurde und heute in einem aus 313 Werken bestehenden Fundus der Graphischen Sammlung des Linzer Museums inkludiert ist. Johann Hauser ist in dieser Sammlung mit 13 Bleistift-, Farbstift- bzw. Wachskreidezeichnungen sowie 43 Radierungen am stärksten vertreten. Die wichtigsten frühen Arbeiten, die Linz besitzt, sind das „Haus mit Sternen und Friedhof unter grünem Baum, 1966" sowie die wahrscheinlich bereits knapp vorher entstandene Zeichnung „Dame vor buntem Boot". 1982 ist das Entstehungsjahr der „Frau mit schwarzem Rock", die zusammen mit dem „Tigerkopf" in chronologischer Sicht den Schlußpunkt in der Sammlung der Linzer Neuen Galerie setzt.

Als ich Johann Hauser, begleitet von Leo Navratil, im Haus der Künstler besuchte, hinterließ er einen bestimmten, zugleich ein wenig mürrischen Eindruck. Er war dennoch zugänglich, allerdings ohne Interesse an einem Dialog. Er sah gut aus und war für den Nachmittag geradezu elegant gekleidet: weißes Hemd, rotkarierte Krawatte, blaues Sakko. Sein Selbstbewußtsein und eine gewisse Vormachtstellung zeigten sich u. a. darin, daß Hauser ziemlich forsch zu verhindern verstand, seine Künstlerkollegen am möglichen gemeinsamen Fernsehempfang in seinem Zimmer teilnehmen zu lassen. Johann Hauser besaß als einziger der Patienten einen Fernsehapparat, da seine Werke schon relativ früh zu guten Preisen verkauft werden konnten.

Ende 1973 wurde mir die Leitung der Neuen Galerie der Stadt Linz übertragen, die damals noch in den bescheidenen, kleinen Räumlichkeiten im Brückenkopfgebäude am Hauptplatz untergebracht war. Fünf Jahre später organisierte ich für die Kunsthalle in Baden-Baden (Gesellschaft der Freunde junger Kunst) eine Ausstellung mit dem Titel „Positionen der Zeichnung in Österreich heute". Es war der ziemlich kompakte Versuch einer Bestandsaufnahme mit Arbeiten von 34 Künstlern. Johann Hauser und Oswald Tschirtner waren an dieser Schau, die nach Deutschland auch in Linz gezeigt wurde, mit sechs beziehungsweise zehn charakteristischen Werken vertreten. Neben Stars wie Arnulf Rainer, Walter Pichler und Hans Staudacher konnte man auch mehreren weniger bekannten jungen Künstlern begegnen, unter ihnen Birgit Jürgenssen, Othmar Zechyr, Ernst Caramelle, Tone Fink, Johann Jascha und Turi Werkner. Die ungewöhnliche, in Künstlerkreisen nicht generell akzeptierte Hereinnahme von Hauser und Tschirtner wurde im Katalog wie folgt begründet:

„Meines Wissens bisher nicht unternommen wurde der Versuch, innerhalb einer Ausstellung von Profikünstlern gleichrangig und ohne jede Form geminderten Anspruchs von vornherein auch Werke von psychisch Kranken zu zeigen. Unsere heutige Einstellung zur *Art Brut*, zur Kunst der sogenannten „Primitiven", „Naiven", Teilbereichen der Volkskunst und vergleichbaren Randerscheinungen hat zwar zu einer gewiß erfreulichen Anerkennung in Fachkreisen geführt, nicht jedoch beim breiten Publikum, das in diesen Fällen – so es überhaupt zu einer eingehenden Rezeption bereit ist – aus einem alten Vorurteil heraus mit Skepsis bis Ablehnung reagiert. Ohne den Sachverhalt vereinfachen zu wollen und nun alle Beispiele der Kunst gleichsam über einen Leisten zu schlagen, muß jedoch aufgrund der genannten Umstände auch für jenen Schritt plädiert werden, der die Ghetto-Situation künstlerischer Werke psychisch Kranker aufzuheben trachtet und über die gleichermaßen notwendige wie berechtigte künstlerische Integration auch zu einer von vorsichtigem Optimismus getragenen Besserung der sozialen Stellung dieser Patienten führen könnte."[2]

1980/81 folgte eine weitere, der österreichischen Zeichnung von 1960 bis 1980 geltende Übersichtsausstellung, die von der Neuen Galerie der Stadt Linz ausgewählt und außerhalb der oberösterreichischen Landeshauptstadt in der Kunsthalle Bremen, dem Kunstmuseum Düsseldorf, der Kunsthalle Tübingen und dem Heidelberger Kunstverein mit beachtlichem Erfolg gezeigt wurde. Auch in dieser Schau mit Zeichnungen von Attersee, Brus, Frohner, Glück, Hollein, Hrdlicka, Jungwirth, Lassnig, Kocherscheidt, Mikl, Oberhuber, Rühm und Terzic (um ein Drittel aller 42 Eingeladenen zu nennen) waren die Gugginger mit von der Partie, wobei außer Hauser und Tschirtner auch Rudolf Horacek und Philipp Schöpke mit Arbeiten von großer Eigenart in Strichführung und Stilistik auffielen.

Neben einer Vielfalt an Stoßrichtungen und Querverbindungen ging es in dieser Ausstellung um die aktuelle Darstellung der in Österreich ausgeprägten, sehr langen und wesentlichen Tradition des Expressionismus und seiner existentiellen Gleichnishaftigkeit (von Kubin und Schiele bis zu Brus, Rainer und Hrdlicka), um das Spannungsfeld zur neueren Literatur (Gerhard Rühm), die Utopien und Gedankenflüge innerhalb von Architekten-Zeichnungen (Coop-Himmelblau, Hollein, Cornelius Kolig, Mario Terzic) und um die neuerliche Aufnahme künstlerischer Beispiele von psychisch Kranken.

Was ich damals im zuletzt angeführten Zusammenhang bemerken konnte, ist heute nicht weniger gültig, obschon die Rezeption zeitgenössischer Kunst im allgemeinen dank besserer Information und Bildung auf mehr Verständnis stößt: „Sieht man einmal davon ab, daß man sich grundsätzlich jeder künstlerischen Hervorbringung in gleicher Neutralität und Offenheit nähern sollte, so verdienen die Werkbeispiele der Sammlung Navratil in ihrem unter die Haut gehenden Anderssein und ihrer faszinierenden inneren Notwendigkeit auch deshalb besondere Aufmerksamkeit, weil sie es sind, durch die sich viele österreichische Künstler der mittleren und jüngeren Generation ungleich stärker und authentischer angesprochen fühlen als durch die meisten Arbeiten akzeptierter Kollegen. Der Einfluß dieser Beispiele von *Art Brut* hat den Radius des Zeichnens in Österreich erweitert und ebenso neue Erkenntnisse wie ergänzende Kriterien in die Rezeption von Kunst eingeführt."[3]

1 Katalog *Sammlung Leo Navratil*, Neue Galerie Linz, 1980, 25.
2 Katalog *Positionen der Zeichnung in Österreich heute*, Neue Galerie Linz, 1978.
3 *Aspekte der Zeichnung in Österreich 1960-1980*, Neue Galerie der Stadt Linz, 1980/1981.

Johann Feilacher
JOHANN HAUSER OHNE MANIE UND DEPRESSION
DIE LETZTEN ZEHN JAHRE DES KÜNSTLERS

1980 fand im Kulturhaus Graz eine Hauser-Ausstellung statt, die mich sehr beeindruckte und die letztendlich den Ausschlag gab, daß ich drei Jahre später im „Haus der Künstler" zu arbeiten begann, wo ich bis zum heutigen Tag geblieben bin.

Seit 1983 durfte ich Johann Hauser begleiten, wir verbrachten viel Zeit miteinander, im Haus der Künstler, beim gemeinsamen Urlaub und auf Reisen.

Zu Beginn der 80er Jahre wurde Hauser von abwechselnden Phasen der Manie und Depression geplagt. Er war häufig erregt und danach wieder völlig niedergeschlagen. In dieser Zeit schuf er aber auch viele seiner wunderbaren Werke, deren Entstehung ich beobachten konnte.

Johann Hauser schätzte beim Zeichnen die Anwesenheit einer anderen Person, und allmählich übernahm ich von meinem Vorgänger Leo Navratil diese Rolle. Hauser liebte es, nachts zu zeichnen, besonders in den Jahren 1985 und 1986 entstanden so außerordentliche Werke. Er zeichnete niemals alleine, und so blieb ich bei ihm und leistete ihm Gesellschaft. Er rauchte bis zu 40 Zigaretten pro Nacht, der Raum qualmte, aus seinem Radiorecorder dröhnte hämmernde Musik.

Er konnte eine ganze Stunde lang vor dem weißen Blatt sitzen und überlegen, wie er beginnen sollte. Der erste Strich war der schwierigste für ihn – besonders, wenn ihm das Blatt sehr groß vorkam. Bei einem Format von 72 x 103 cm war dies der Fall.

Auf einem Höhepunkt seines künstlerischen Schaffens kreierte er im Sommer 1986 drei seiner Hauptwerke: drei nackte Frauen. Diese Bilder entstanden in zahlreichen Nächten, in denen er unendlich viel rauchte, redete und Musik hörte, am Tisch im Büro, hinter verschlossener Tür, wie er es gerne hatte. Die Ergebnisse waren faszinierend: Seine ganze Kraft war in diese Werke geflossen.

Nachdem Hauser in den Jahrzehnten zuvor von seinen Zuständen der Erregung wirklich gequält worden war, wollte ich versuchen, ihm zu einem „normaleren Leben" zu verhelfen. Das Studium der alten Krankengeschichte zeigte zwar, daß alle Medikamente ausprobiert worden waren, aber nicht zum gewünschten Erfolg geführt hatten. Mein großer Lehrer an der Grazer Universität, Wolfgang Walcher, hatte mich in meiner Assistenzzeit gelehrt, daß bei dieser Art der psychischen Störung eigentlich nur ein Lithiumpräparat erfolgversprechend war. Ich versuchte also, Hauser zu überzeugen, dieses Medikament über längere Zeit hinweg einzunehmen. Hauser war vorher nur bereit gewesen, Tranquilizer zu schlucken, von denen ich ihn erst langsam entwöhnen mußte. Walcher behielt recht. Auch bei Johann Hauser begann nach einem halben Jahr das Auf und Ab von Manie und Depression langsam zu verschwinden, und im

Jahr 1987 war sein Gemütszustand relativ ausgeglichen, es ging ihm mal besser, mal schlechter – jedoch so, wie es jedem anderen Menschen auch geht. Er fühlte sich hervorragend, er war fröhlich und ließ es sich gutgehen. Er war häufig in Kaffeehäusern unterwegs, flirtete mit Frauen, hatte auch eine Freundin. Er sah in dieser Zeit keinen Grund zu zeichnen, wurde er doch in der Umgebung als Künstler gefeiert und war zufrieden damit. 1987 entstand kein einziges Bild. Ich fragte ihn ab und zu, ob er nicht zeichnen wolle, aber er verneinte. Er meinte, es wäre viel interessanter, mit Damen unterwegs zu sein – was ich verstehen konnte.

1989 schien Hauser das „süße Leben" zunehmend etwas langweilig zu finden, er wollte wieder zeigen, was er konnte. Es entstanden rund fünfzig Zeichnungen in diesem Jahr, deren Qualität unterschiedlich war, es gab aber auch sehr gute darunter. In den folgenden Jahren entstanden viele seiner wesentlichen Werke, die sich heute in bedeutenden Sammlungen befinden. Einzelne davon kann man durchaus als Hauptwerke bezeichnen.

Der Modus des Zeichnens hatte sich jedoch ein wenig geändert. Hauser wünschte immer noch die Zweisamkeit während des Arbeitens, brauchte aber keine laute Musik und keine Zigaretten mehr. Er arbeitete immer noch gerne in der Nacht, besonders wenn er große Bilder anfertigte. Er sagte, er brauche die Ruhe, um besser inspiriert zu werden. Er war stolz auf seinen Status als Künstler während des Tages, aber unsicher während der Arbeit als Künstler des Nachts. In den 90er Jahren begann Hauser auch tagsüber zu zeichnen, allerdings wurde das jeweilige Blatt meist nachts begonnen und an den folgenden Tagen fortgesetzt und fertiggestellt.

Hauser reiste gerne, und so besuchten wir viele Ausstellungen im In- und Ausland, von denen mir zwei besonders im Gedächtnis geblieben sind. 1991 flogen wir gemeinsam in die Vereinigten Staaten nach New York und Philadelphia. Der Anlaß war eine Ausstellung der Künstler aus Gugging in der Goldie Pally Gallery des Moore College of Art in Philadelphia und im Österreichischen Kulturinstitut in New York. In Philadelphia gefiel es Hauser sehr gut; es war allerdings etwas schwierig, seinem Wunsch nach Wiener Schnitzel nachzukommen. An „anderes Essen" gewöhnte er sich nur langsam. Obwohl Hauser kein Wort Englisch sprach, übernahm er spontan eine Führung von College-Studentinnen durch die Galerie. Seine Gestik und sein Ausdrucksvermögen waren so stark, daß – obwohl keiner die Sprache des anderen verstand – ein Schwarm von Fans gebannt seiner Stimme lauschte und, wie ich später erfuhr, zum Großteil verstand, was er mitteilen wollte. Die nonverbale Mitteilungskraft Hausers war immer schon ein wesentlicher Bestandteil seiner Persönlichkeit gewesen. Man hatte sie nur vorher der Manie zugeschrieben. Diese Reise, diverse Sehenswürdigkeiten und New York selbst faszinierten Hauser und blieben ihm auch in den folgenden Jahren in dauerhafter Erinnerung. Große Entfernungen waren für ihn allerdings nicht wirklich erfahrbar: Am Empire State Building stehend fragte er etwa, ob der Hudson River nicht die Donau sei.

Eine andere Ausstellungsreise führte uns 1993 nach Helsinki. Den Anlaß bot eine Ausstellung der Gugginger Künstler im Amos Anderson Museum. Mit unserer Begleiterin Maria Parucki unternahm Hauser eine Schiffahrt zum nördlichsten zoologischen Garten der Welt, der ihn sehr beeindruckte. Vom Linnanmäki, dem Vergnügungspark der Stadt Helsinki, konnte ihn nach vielen Stunden nur zunehmende nördliche Kälte zurück ins Hotel bewegen. Er besichtigte mit Begeisterung den Marktplatz und den Hafen der Stadt. Hauser begann hier Burger zu essen, was uns in einschlägige Lokale führte. Als wir durch Zufall aber ein Wienerwald-Restaurant entdeckten, in dem er „echte" Schnitzel mit Kartoffelsalat bekam, wäre er am liebsten in Helsinki geblieben.

Hauser hatte bis zu seinem Tode 1996 nie mehr eine manische oder deutlich gehemmte Phase. Man konnte ganz geringe Schwankungen erkennen, die aber möglicherweise auch Überinterpretationen eines normalen Verhaltens gewesen sind. Hauser brauchte keine Manie mehr, um großartige Kunstwerke zu schaffen, er konnte auch so sein Talent unter Beweis stellen.

Liegende Frau (nach Boucher), 1980 · Handkolorierter, übermalter Druck, 26 x 38 cm
Privatbesitz, Linz

Tigerkopf, 1982 · Bleistift, Farbstift auf Papier, 40 x 30 cm
Neue Galerie der Stadt Linz

Kreuz, Oktober 1981 · Bleistift, Farbstift auf Papier, 30 x 40 cm
Sammlung Helmut Zambo, Badenweiler-Wien

Negerin, 30.10.1981 · Bleistift, Farbstift auf Papier, 40 x 30 cm
Sammlung Helmut Zambo, Badenweiler-Wien

Frau mit schwarzem Rock, 1982 · Bleistift, Farbstift auf Papier, 40 x 30 cm
Neue Galerie der Stadt Linz

Frau mit Federhut und buntem Rock, 12. 10. 1982 · Bleistift, Farbstift auf Papier, 40 x 30 cm
Sammlung Essl – Fritz Schömer Ges.m.b.H., Klosterneuburg/Wien

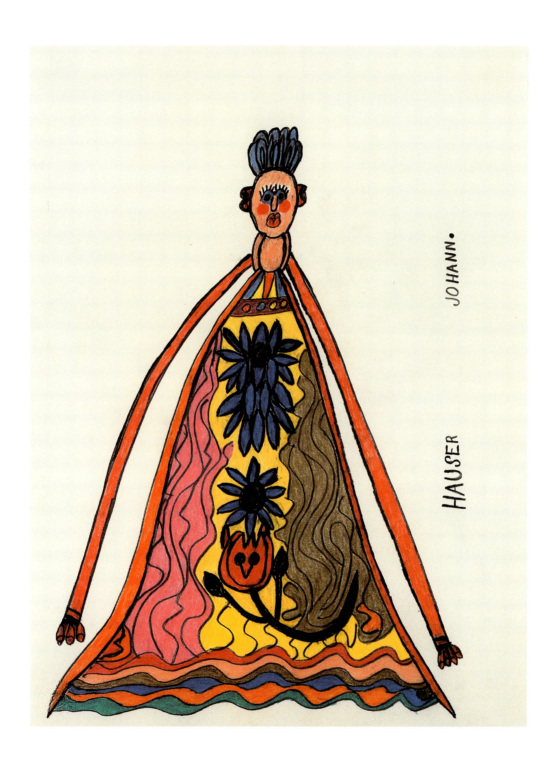

Frau, 1982 · Bleistift, Farbstift auf Papier, 40 x 30 cm
Sammlung Helmut Zambo, Badenweiler-Wien

Kasperl, 24.10.1982 · Bleistift, Farbstift auf Papier, 40 x 30 cm
Sammlung Helmut Zambo, Badenweiler-Wien

Negerin, 1. 7. 1983 · Bleistift, Farbstift auf Papier, 30 x 22 cm
Privatsammlung Heinz Kammerer, Wien

Flugzeug, 1982 · Bleistift, Farbstift auf Papier, 30 x 40 cm
Privatsammlung

Eule, 25. 7. 1983 · Bleistift, Farbstift auf Papier, 40 x 30,1 cm
Sammlung Essl – Fritz Schömer Ges.m.b.H., Klosterneuburg/ Wien

Frau, 19. 7. 1982 · Bleistift, Farbstift auf Papier, 38,5 x 30 cm
Sammlung Helmut Zambo, Badenweiler-Wien

Stier, 3.10.1983 · Bleistift, Farbstift auf Papier, 30 x 40 cm
Privatsammlung Heinz Kammerer, Wien

Panzer, 19.1.1984 · Bleistift, Wachskreide auf Papier, 30 x 40 cm
Privatsammlung

Rettungswagen, 24.11.1983 · Bleistift, Farbstift auf Papier, 30 x 40 cm
Privatsammlung

Hubschrauber, 6. 2. 1984 · Bleistift, Farbstift auf Papier, 30 x 40 cm
ABCD, Paris

Panzer, 11. 3. 1984 · Bleistift, Farbstift auf Papier, 30 x 40 cm
Privatsammlung Heinz Kammerer, Wien

Feuerwehrauto, 26. 7. 1983 · Bleistift, Farbstift auf Papier, 30 x 40 cm
Sammlung Helmut Zambo, Badenweiler-Wien

Mondfinsternis, sehr gefährlich, April 1984 · Bleistift, Wachskreide auf Papier, 30 x 40 cm
Privatsammlung Heinz Kammerer, Wien

Weiblicher Akt, 4.4.1984 · Bleistift, Farbstift auf Papier, 30 x 40 cm
Privatsammlung Heinz Kammerer, Wien

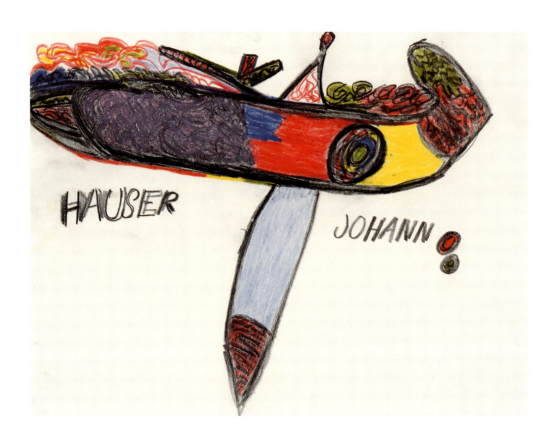

Flugzeug und Bombenabwurf, Mai 1984 · Bleistift, Wachskreide auf Papier, 30 x 40 cm
Privatsammlung Heinz Kammerer, Wien

Frau, 11. 6. 1984 · Bleistift, Wachskreide auf Papier, 40 x 30 cm
Niederösterreichisches Landesmuseum, St. Pölten

Räuber, 30. 9. 1985 · Bleistift, Farbstift auf Papier, 87,5 x 62 cm
Privatsammlung

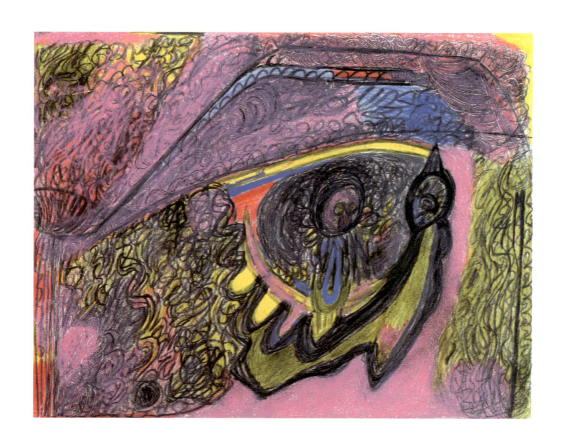

Haus mit Hexe und Schlange, Mai/Juni 1984 · Bleistift, Wachskreide auf Papier, 30 x 40 cm
Privatsammlung Heinz Kammerer, Wien

Kasperl, 18. 2. 1985 · Bleistift, Farbstift auf Papier, 40 x 30 cm
Sammlung Helmut Zambo, Badenweiler-Wien

Hubschrauber, 4. 2. 1985 · Bleistift, Farbstift auf Papier, 30 x 40 cm
Sammlung Helmut Zambo, Badenweiler-Wien

Hubschrauber, 18. 3. 1985 · Bleistift, Farbstift auf Papier, 30 x 40 cm
Privatsammlung

Russischer Soldat, 28. 8. 1985 · Bleistift, Farbstift auf Papier, 40 x 30 cm
Privatsammlung, Wien

Frau, 1. 8. 1985 · Bleistift, Farbstift auf Papier, 40 x 30 cm
Sammlung Helmut Zambo, Badenweiler-Wien

Frau mit Mond, 14.10.1985 · Bleistift, Wachskreide auf Papier, 40 × 30 cm
Niederösterreichisches Landesmuseum, St. Pölten

o.T. (Kopf), 1985 · Bleistift auf Karton, 29,6 x 20,8 cm
Niederösterreichisches Landesmuseum, St. Pölten – Sammlung Leo Navratil

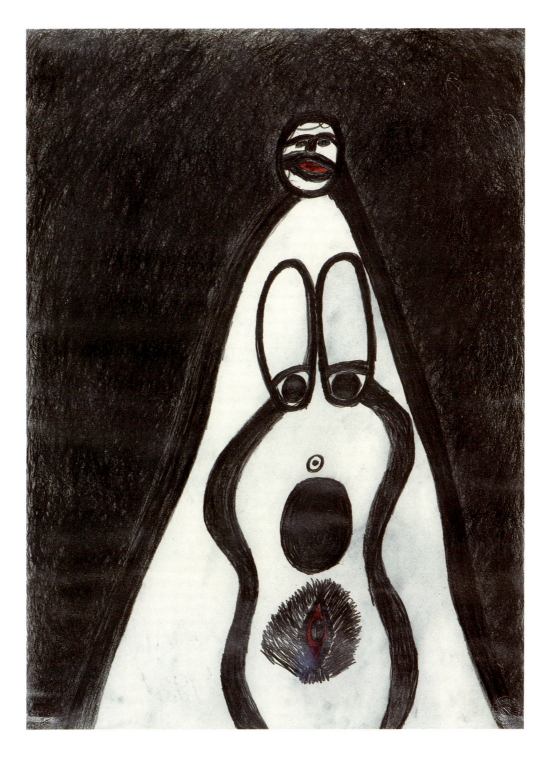

Frauenakt (frontal), 1985 · Bleistift, Farbstift auf Papier, 60 x 44 cm
Privatsammlung Heinz Kammerer, Wien

Frau, undatiert · Bleistift, Farbstift auf Papier, 42,5 x 30,5 cm
Sammlung Heike Curtze

Flugzeug, 11. 8. 1985 · Bleistift, Farbstift auf Karton, 30 x 40 cm
Sammlung Helmut Zambo, Badenweiler-Wien

Rettungsauto, 13. 5. 1985 · Bleistift, Farbstift, Wachskreide auf Karton, 30 x 40 cm
Sammlung Helmut Zambo, Badenweiler-Wien

Roter Frauenakt, 1985 · Bleistift, roter Farbstift auf Papier, 62 x 44 cm
Privatsammlung Heinz Kammerer, Wien

Frau, 1.2.1986 · Bleistift, Farbstift auf Papier, 62,5 x 57,5 cm
Privatsammlung Heinz Kammerer, Wien

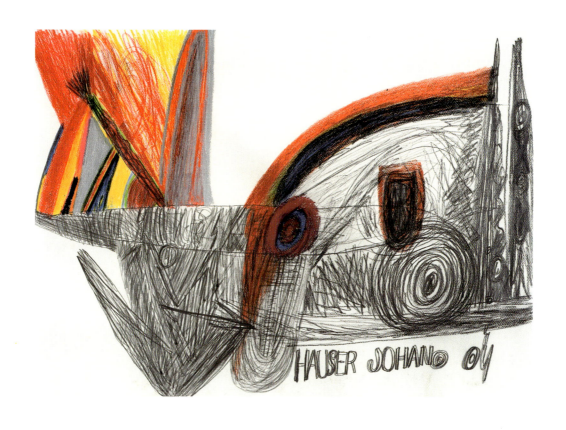

o.T., 1985 · Bleistift, Wachskreide auf Papier, 51,5 x 72 cm
Privatsammlung

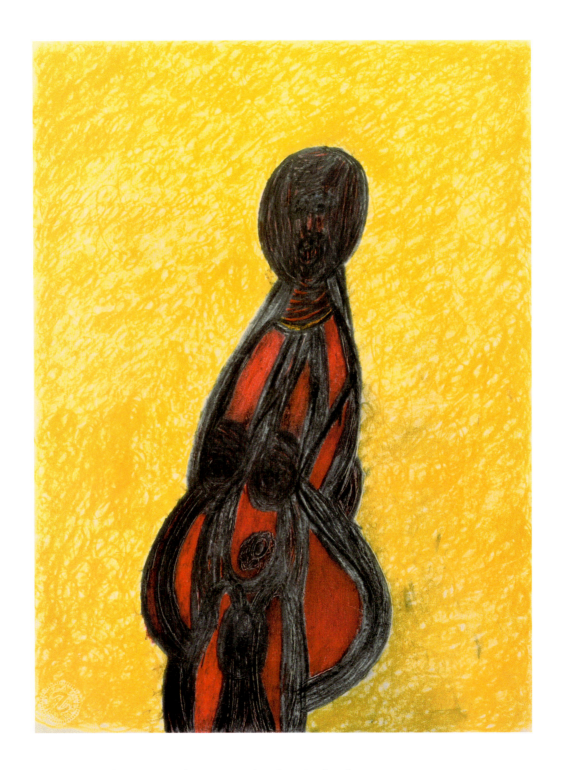

Nackte Frau auf gelbem Grund, 1. 3. 1986 · Bleistift, Farbstift auf Papier, 40 x 30 cm
G. Sommer, Graz

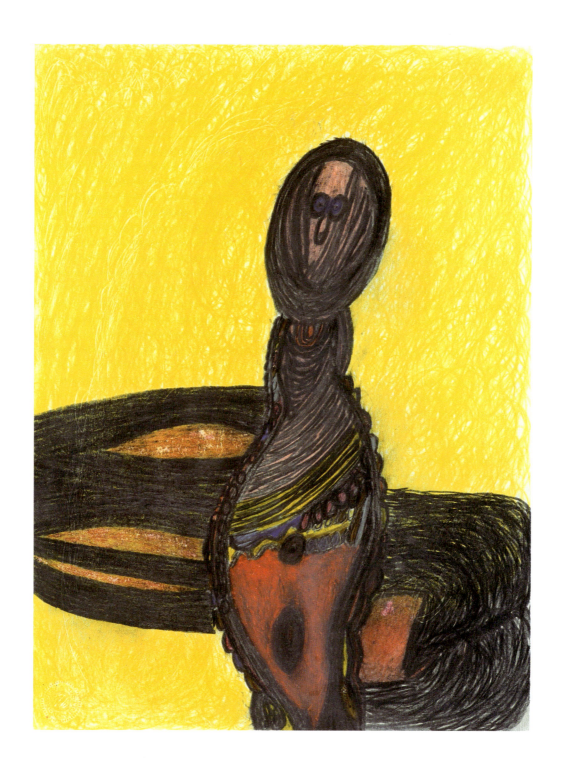

Frau, Jänner 1986 · Bleistift, Farbstift auf Papier, 40 x 30 cm
Privatsammlung Heinz Kammerer, Wien

Frau mit langem Hals, 20.6.1986 · Bleistift, Farbstift auf Karton, 40 x 30 cm
Sammlung Helmut Zambo, Badenweiler-Wien

Frau unter Draperie, 1.3.1986 · Bleistift, Farbstift auf Papier, 63 x 88 cm
Privatsammlung Heinz Kammerer, Wien

Krampusfrau, 1.11.1986 · Bleistift, Farbstift auf Papier, 40 x 30 cm
Sammlung Essl – Fritz Schömer Ges.m.b.H., Klosterneuburg/Wien

Negerin mit Tirolerhut, undatiert · Bleistift, Farbstift auf Papier, 42,5 x 30,5 cm
Sammlung Heike Curtze

Frau mit Fahne, 1986 · Bleistift, Farbstift auf Papier, 40 x 30 cm
Sammlung Rudolf Leopold, Wien

Schloß, 1986 · Bleistift, Farbstift, Wachskreide auf Papier, 73 x 102 cm
Sammlung Helmut Zambo, Badenweiler-Wien

Frau mit großer Brust, 1986 · Bleistift, Farbstift auf Papier, 44 x 59,5 cm
Privatsammlung Heinz Kammerer, Wien

Zwei Frauen mit blauem Stern, 1986 · Bleistift, Farbstift auf Papier, 44 x 60 cm
Privatsammlung Heinz Kammerer, Wien

Herz, undatiert · Bleistift auf Papier, 44,7 x 31,2 cm
Sammlung Heike Curtze

Nackte Frau mit rotem Haar, undatiert · Bleistift, Farbstift auf Papier, 73 x 102 cm
Privatsammlung, England

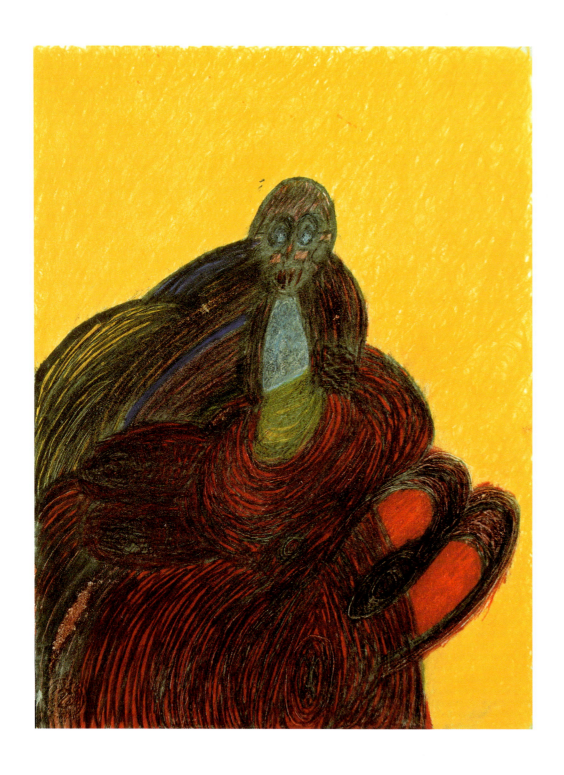

Nackte Frau, 1986 · Bleistift, Farbstift auf Papier, 40 x 30 cm
Privatbesitz, Salzburg

Nackte Frau mit Hut, 1986 · Bleistift, Farbstift auf Papier, 73 x 102 cm
Privatsammlung, England

Blonde grüne Frau und schwarzhaarige rote Frau, 17. 6. 1986 · Bleistift, Farbstift auf Papier, 62,5 x 74,5 cm
ABCD, Paris

Flugzeug mit Bombe, 1986 · Bleistift, Farbstift auf Papier, 62 x 75,6 cm
Ph. Konzett

Blonde Frau, 1986 · Bleistift, Farbstift auf Karton, 73 x 102 cm
Privatsammlung, England

Fesselballons, 20.11.1989 · Bleistift, Farbstift auf Papier, 62,3 x 87,6 cm
Sammlung Essl – Fritz Schömer Ges.m.b.H., Klosterneuburg/Wien

Gerhard Roth
JOHANN HAUSER – DER SCHRECKEN

Aus: Gerhard Roth: *Über Bilder*. Jugend und Volk, Wien, 1990, 87.

Hauser zeichnet und malt sein Erschrecken und erschreckt damit auch den Betrachter. Wie es oft unmöglich ist, sich an ein Gesicht, einen Wohnraum, ein Ereignis GENAU zu erinnern, erscheinen Hausers Ursachen des Erschreckens als fragmentarische Relikte auf dem Papier. Was am meisten BEEINDRUCKT, sich am stärksten in die Erinnerung EINGEDRÜCKT hat, ist am deutlichsten, am grellsten, am unmittelbarsten dargestellt. – Das Erschrecken löst gleichzeitig ein grelles Licht im Kopf aus, das die Erinnerung blenden kann. Aber zumeist gibt er reduzierte Erinnerungsbilder frei, die fortan ein Eigenleben führen. Sie wachsen, vergrößern sich, verblassen, spuken. Sie veranstalten spiritistische Sitzungen im Kopf. Ein Schrecken gibt dem anderen die Hand, und zusammen beschwören sie einen neuen vergangenen Schrecken. Der an seine Schrecken Erinnerte „denkt" nicht mehr – er ist ein Medium. Der Schrecken hat sich verselbständigt, er spricht aus ihm als NAMENLOSER Schrecken, wird zum Grauen. Wenn das Schöne alles Schrecklichen Anfang ist, so kann man das Wechselspiel von Schönheit und Schrecken in Hausers Bildern aufspüren. Schönheit und Schrecken haben eine magnetische Anziehungskraft, nicht umsonst suchen wir das sogenannte Schöne und vielleicht noch mehr den Schrecken. Das Erschrecken ist das blitzartige Erkennen, daß wir jederzeit verwundbar sind, von einem Moment auf den anderen sterben können. Wir gaukeln uns nur Sicherheit vor, wir beschwören eine nicht vorhandene Sicherheit, sodaß der völlig falsche Eindruck entsteht, Sicherheit sei ein Normalzustand. Sicherheit ist im Gegenteil nur eine Fiktion – man wiegt sich in Sicherheit, bis die Wiege umkippt. Ein schreckhaftes Wesen ist sich der ihn umgebenden unsichtbar lauernden Gefahren bewußt. Diese können in jedem Gegenstand, jedem

Gerhard Roth und Johann Hauser, 1980

Lebewesen, jeder irdischen Erscheinung verborgen sein. Jemand, dessen Werk unter dem Aspekt des eigenen Erschrecktseins steht, das automatisch andere erschreckt und das wohl auch diese anderen in den Sog seines Erschreckens hineinziehen will, ist ein Opfer. Noch dazu, wo ihm als Alternative das Schöne, das Friedliche vorschwebt, das aber auch immer ein Attribut, ein winziges Detail des Schreckens aufweist. Hauser ist so besetzt vom Schrecken, daß er mit ihm – ist er ihm nicht ausgeliefert – spielt. Er unterscheidet zwischen dem guten Schrecken und dem bösen. Wie kleine Kinder im Krieg Soldaten spielen, spielt Hauser in seinem Schreckenskrieg mit dem Schrecken in verkleinerter Form. Er beherrscht ihn auf diese Weise, kann sich über ihn lustig machen. Die Umrisse von Personen und Gegenständen sind von der Welt wie durch schwere Bleischnüre getrennt. Jeder und alles ist ISOLIERT. Am Allerseelentag werden in Mexiko hunderte von Skelettpuppen auf Jahrmarktständen angeboten, Totenköpfe aus Zucker und Totenfiguren, die „in effigie" verbrannt werden. Auf diese Weise wird der Tod alltäglicher, faßbarer, er wird zum Gevatter Tod, zum Freund Hein. Hausers Schrecken, wenn er ihm nicht in die Glieder gefahren ist, ist ein Erschrecken über alles. Entweder ist er HERR über alles, oder der Schrecken bricht über ihn herein. Man kann die Erinnerungen an sein Leben verdichten auf eine Summe von Schreckensmomenten. Immer ist es eine intensive Wirklichkeitserfahrung, die jede einzelne Schrecksekunde begleitet. Der Schrecken komprimiert das Daseinsgefühl, macht es bewußt. Umgekehrt die Schönheit – sie entläßt aus dem als „schwer" empfundenen Dasein. Die eigene Sterblichkeit versteckt sich hinter einem eingebildeten Unsterblichkeitsgefühl, aber der Schrecken LAUERT schon hinter dieser falschen Gewißheit. Man „lebt" indessen, ohne dem einen oder dem anderen Beachtung zu schenken. In Hausers Bildern manifestiert sich der Schrecken gerne in Form einer Frau. Sie ist für ihn ein Todesengel mit starker sexueller Ausstrahlung. Die Spinnenfrau vereinigt sich mit dem Männchen, tötet es und verleibt es sich dann ein. Das Schöne ist alles Schrecklichen Anfang.

Zwei Vögel, 20. 4. 1990 · Bleistift, Farbstift auf Papier, 31 x 44 cm
Galerie Kunst und Handel, Graz

Krampus, 1990 · Bleistift, Farbstift auf Papier, 40 x 30 cm
Sammlung Freyer, Berlin

Sterne und Mond, 1993 · Bleistift, Farbstift auf Papier, 29,7 x 21 cm
Tizi und Harry Neubauer, Wien

Negerin, 1991 · Bleistift, Farbstift auf Papier, 62,5 x 44 cm
Sammlung Rolf Röthlisberger, Davos

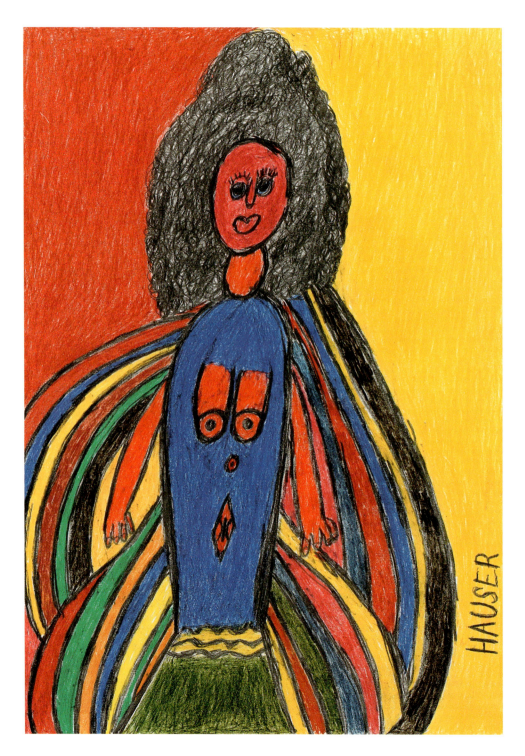

Frau mit schwarzem Haar, 1995 · Bleistift, Farbstift auf Papier, 42 x 29,5 cm
Privatsammlung Hannah Rieger, Wien

Liegende Frau, 1994 · Bleistift, Farbstift auf Papier, 62,4 x 88 cm
Sammlung Helmut Zambo, Badenweiler-Wien

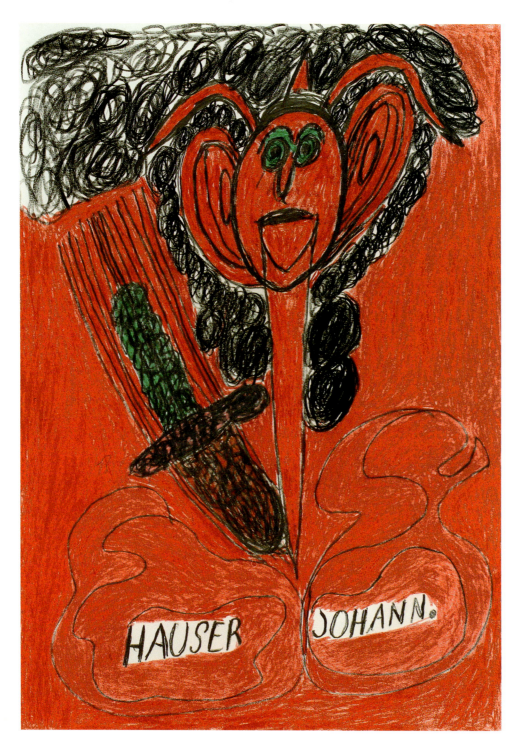

Krampus, 1995 · Bleistift, Farbstift auf Papier, 41,8 x 29,6 cm
Galerie Kunst und Handel, Graz

Nackte Frau mit Rakete, 1994 · Bleistift, Farbstift auf Papier, 72,8 x 102,9
Sammlung Essl – Fritz Schömer Ges.m.b.H., Klosterneuburg/Wien

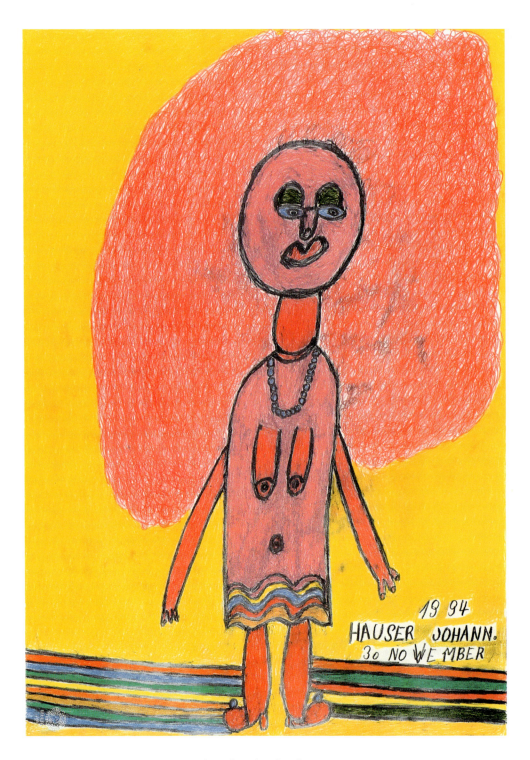

Frau mit rotem Haar, 30.11.1994 · Bleistift, Farbstift auf Papier, 62 × 44 cm
Tizi und Harry Neubauer, Wien

Sitzende Frau, 1995 · Bleistift, Farbstift auf Papier, 73 x 101,8 cm
Galerie Kunst und Handel, Graz

Schlangen, 5.12.1995 · Bleistift, Farbstift auf Papier, 72,8 x 101,2 cm
Galerie Kunst und Handel, Graz

Heinz Kammerer
WEIHNACHTEN IN GUGGING

Das wirkliche Weihnachten erlebte ich zum ersten Mal mit 33.
Nicht, daß unser Familien-Weihnachtsfest zu Hause, mit all seinen Spannungselementen, nicht auch Weihnachten gewesen wäre, aber das richtige Weihnachten, so weiß ich heute, fand zwischen 1981 und 1986 im Künstlerpavillon des Landeskrankenhauses Gugging statt.

Am sogenannten Heiligen Abend, dem 24. Dezember, pünktlich um drei Uhr Nachmittag, fanden sich alljährlich die Teilnehmer an einer im Speisesaal vorbereiteten, großen, U-förmigen Tafel ein: Am Kopf der Primarius, neben ihm ein freier Platz für den immer erst später erscheinenden ambulanten Pfarrer, der ja alle Pavillons zu „absolvieren" hatte, dann die Pfleger, die Patienten, einige Gäste und eine Angehörige, die Schwester Erich Petermanns, der, selbst nicht Künstler, den Arbeiten seiner Mitpatienten sehr kritisch gegenüberstand: „Das ist doch keine Kunst, das sind ja lauter Verrückte!", pflegte er, auch gegenüber Fernsehteams, zu äußern. Er war im Künstler-Pavillon, als selbst ernannter „Außenminister", für Besorgungen aller Art zuständig, weil er sehr praktisch denkend und hilfsbereit war.

Der „Herr Primar", wie Leo Navratil von „seinen" Patienten respektvoll, aber auch mit viel Zuneigung angesprochen wurde, eröffnete die Feier mit einer ausgiebigen Begrüßung aller Anwesenden. Die Patienten waren schon dabei in Hochstimmung und empfingen jeden der Genannten mit stürmischem Applaus.

Obwohl die Prozedur immer dieselbe war, war diese Begeisterung schon ganz am Anfang immer berührend und konnte so richtig auf das noch Kommende einstimmen.

Jeder hatte ein kleines, notdürftig hektographiertes Programm vor sich liegen, dem der Ablauf der Feier zu entnehmen war. Nach der Begrüßung kamen die Darbietungen der Künstler. Sie lasen meist aus eigenen Werken, oder trugen vorbereitete Weihnachtsgeschichten vor. Fritz Koller zum Beispiel, der mich hartnäckig Paul nannte und auch gegen in Aussichtstellung einer Kiste Coca-Cola, das höchste Glück für ihn, nicht bereit war zuzugeben zu wissen, wie ich wirklich hieß, las fast jedes Jahr die Geschichte von Maria und Josef auf der Flucht. Edmund Mach oder Ernst Herbeck trugen natürlich aus eigenen Werken vor, wobei nicht Eingehörte dem Vortrag von Herbeck, der durch eine mehrfach operierte Hasenscharte sprechbehindert war, nur schwer folgen konnten. Später wurden daher die von ihm gelesenen Texte im Programm abgedruckt. Kannte man aber die Gedichte, so gewannen sie eben durch seine persönlich gesetzten Betonungen ungeheuer an Authentizität und vor allem an Intensität.

August Walla verblüffte uns immer wieder mit akustischen „Aktionen". Er entlockte von ihm ausgewählten Gegenständen die erstaunlichsten Geräusche.

Johann Hauser wiederum war ein begeisterter „Chorsänger". Auf die Künstlerdarbietungen folgte nämlich das „Absingen" der Weihnachtslieder, wobei „Oh du Fröhliche" und „Stille Nacht", wohl auch mit Rücksicht auf die Repertoires der Anwesenden, Fixstarter waren. Johann Hauser sang mit Inbrunst und verstärkt durch expressive Handbewegungen, vor allem auf das Ende der Lieder zu, wo er dann mit doppelter Lautstärke und aus der Kontrolle geratender Melodietreue einen exzessiven, sehr persönlichen Schlußpunkt setzte.

Irgendwann kam der schon erwähnte Anstaltspfarrer und hielt seine Weihnachtsrede. Immer in diesem Moment verließ Franz Kammlander fluchtartig den Saal: Er hatte furchtbare Angst vor dem in priesterlichem Schwarz auftretenden alten und gütigen Mann.

Erst zur nach den Weihnachtsliedern anstehenden Geschenkeverteilung, dem eigentlichen Höhepunkt der Feier, kehrte er, wenn auch vorsichtig dreinschauend, zurück.

In Absprache mit Leo Navratil und den Pflegern brachten die Gäste Geschenke, die von den Patienten größtenteils gewünscht oder jedenfalls benötigt wurden, und verteilten diese persönlich. So konnte jeder mit bis zu zehn Geschenken rechnen, was manche fast in einen Ausnahmezustand versetzte. Einige, Edmund Mach oder Hansi Garber, brachten jedes Geschenk, sowie sie es überreicht bekamen, sofort in ihre Zimmer, um es dort zu versperren. Hauser legte Wert auf monströses Spielzeug, Ernst Herbeck und Johann Fischer eher auf elegante Kleidungsstücke. Fritz Koller wartete ungeduldig auf das schon erwähnte Coca Cola, während Franz Kernbeis sich über Süßigkeiten am meisten freute. Auch die Gäste wurden reich beschenkt: Leo Navratil überreichte jedem im Namen der Künstler eine Mappe mit ausgewählten Arbeiten.

Es war jedenfalls ein Rausch von authentischer Freude und entsprechenden Freudensäußerungen, wie man es sonst eben nicht oft erlebt.
Man spürte, wie sich alle ganz nahe waren in diesem Gefühl.

Danach ließen wir uns, mehr oder weniger erschöpft, zu Kuchen und Kaffee nieder und es kam zu entspannten, oft auch originellen Gesprächen.

Edmund Mach zum Beispiel stellte einmal bei einer solchen Gelegenheit André Heller beim Verabschieden die feststellende Frage: „Auf Wiedersehen Herr Heller, Sie haben ja heute sicher noch ein Vortanzen!"

Gegen sechs Uhr löste sich die Gesellschaft langsam auf. Die Patienten zogen sich in ihre Zimmer zurück und beschäftigten sich ausgiebig mit ihren Geschenken.

Wir machten uns auf den Heimweg, aber Weihnachten war irgendwie schon gelaufen.

Im August 2000

Lui Dimanche
„IM HINTERLAND DES HERZENS"

Leuchtend rot das Herz auf vielen „Farbzeichnungen" und an der Fassade des Hauses, in dem er physisch und psychisch wohnt, die Zeit – sein „Leben" verbringt. Vor dem Haus (der Künstler) flattert eine weiße Fahne mit einem blauen Stern darauf. Der blaue Stern ist von Johann Hauser, dem „Star" des Hauses. An der Fassade sind unter vielen Arbeiten auch sein blauer Stern und ein großes rotes Herz.
Symbole des Hauses, eine Kommunikation mit der Außenwelt. Blau die Farbe meiner Lebensrichtung. Sterne, fünfzackig, mein Symbol für Freiheit.
Ende der sechziger Jahre werde ich auf die Insassen der Psychiatrischen Anstalt Gugging aufmerksam gemacht. Vielleicht durch Walter Navratil, den Sohn des Psychiaters Leo Navratil. Ich fahre hin, treffe Navratil, seine Patienten, Menschen mit anderen Zugängen zu dieser Welt, Außenseiter, Ge- und Verstörte.
Ich finde Johann Hauser, August Walla, die anderen. Sind sie krank? Verstört? Oder nur bei sich „zu Hause"? Es entsteht ein Verstehen. Ich komme wieder.
Der Fotoapparat ist eine Art Kommunikation – „meine Sprache sind Bilder".
1971 unternehmen wir, Johann Hauser, Leo Navratil und ich, sogenannte Landpartien oder Ausflüge in die Freiheit. Böhmischer Prater, der Schrebergarten August Wallas in Klosterneuburg, ein Gasthaus an der nahe gelegenen Donau. Johann Hauser ist kraftvoll, elegant gekleidet, witzig, manchmal übermütig, dann wortkarg und in sich zurückgezogen. Wünsche und Träume sind vorhanden, er ist Schausteller seiner selbst, ein Dandy, ein Weltvergessener. Von hier nach dort – grenzüberschreitend. Nicken, verstehen, eine Geste, ein Lächeln, Johann Hauser – ein Kaspar Hauser?
„Wenn Ihr mich nicht brauchen könnt ...", Johann Hauser ein Wissender?
Er hat Zeichen- und Farbstifte mitgenommen, einen weißen Karton. Bestellt Speisen, Getränke, Torten – erblickt „Etwas" auf der Donau, zeichnet, ißt, trinkt Cola, scherzt mit der Kellnerin. Ist gut drauf. Eine Zeichnung entsteht. Ein „Tragflügelboot" ist auf der Donau vorbeigeschwebt. Es hat ihn inspiriert.
Im Wissen ist immer auch Toleranz und Verstehen. Doch die Welt ist unwissend und intolerant. Der Maßstab um gemessen zu werden – zweierlei.
Eine eher zufällige Begegnung außerhalb der normalen Zeit. Eine ewig bleibende. Johann Hauser ist ein „Star". Einer mit Herz.
1981 eröffnet das Haus der Künstler. 1984 besuche ich Johann Hauser wieder. Er ist gezeichnet, verändert. Dreizehn Jahre später – ein Zeitsprung – und doch noch Er. Einige Fotos. Ein Blick auf die Uhr. Wieviel Zeit bleibt noch? Eine weiße Fahne mit einem blauen Stern darauf im Wind. Smalltalk, Gesten – eine Traurigkeit. Man

sieht sich wieder! Ein Bild noch. Ein Klick. Der Verschlußhebel klemmt. Noch ein Bild. Später bei der Entwicklung ein zweifach belichtetes Negativ. Zwei Johann Hauser auf einem Foto. Ein Zeichen?

Ich treffe ihn, jetzt schon der „Johann Hauser", auf Vernissagen seiner „Künstlerhauskollegen" zwei-, dreimal noch.

Fotografieren ist eine Form der Sichtbarmachung seines Gegenübers. Seelen werden gestohlen. Schwarz auf Weiß (oder umgekehrt?). Bei diesen Begegnungen bin ich ohne „Sezierbesteck". „Die besten Fotos werden nie gemacht."

Die Zeit verfliegt – ein Blick auf die Uhr – es ist spät.

Dann die Mitteilung von seinem Tod.

Möge ihn das „Tragflügelboot", vor dreißig Jahren für mich gezeichnet, in das Land Freiheit (Paradies) gebracht haben. Urzustand menschlicher Sehnsucht. Der Tod entzieht. Seine Arbeiten dauern. Seine Fahne auf Halbmast. Das „Herz am rechten Fleck", die Sterne leuchten. Manchmal, viel zu selten, blau.

Im Jänner 2001   Servus Johann,

                                                  Lui Dimanche

Fahne und Sterne, 12. 3. 1975 · Farbstift auf Papier, 40 x 30 cm
Sammlung Helmut Zambo, Badenweiler-Wien

JOHANN HAUSER

geb. 1926 in Bratislava, übersiedelte schon in seiner frühen Jugend nach Österreich. Er war seit dem 17. Lebensjahr wegen einer psychischen Krankheit hospitalisiert und lebte seit 1981 im Haus der Künstler. Hauser verwendete von Anfang an stets nur Bleistift und Farbstifte. Sein Stil war gekennzeichnet durch einen klaren, prägnanten Strich. Er zeichnete immer zuerst die Konturen und füllte danach die Fläche mit Farbstiften aus. Dies geschah mit einer derartigen Intensität, daß die Bilder oft den Eindruck von Malereien erwecken. Hauser avancierte in wenigen Jahren zu einem Klassiker der Art Brut. Internationale Ausstellungen machten seine Werke weltweit bekannt, so daß Museen, wie etwa das Setagaya Museum in Tokyo, die Städtische Galerie im Lenbachhaus in München, das Museum moderner Kunst Stiftung Ludwig Wien und andere Werke von ihm ankauften. Die Collection de l'Art Brut in Lausanne besitzt eine große Sammlung der Werke von Johann Hauser. Hauser starb 69jährig im Januar 1996.

EINZEL- UND GRUPPENAUSSTELLUNGEN

1970 Galerie nächst St. Stephan, Wien **1971** 5. Weltkongreß für Psychiatrie, Mexico City · Kunsthalle Helsinki **1972** Galerie nächst St. Stephan, Wien **1973** Galerie Seebacher, Nüziders bei Bludenz **1974** Haus der Kunst, München **1975** Kulturhaus der Stadt Graz · Bregenzer Künstlerhaus · Kunsthaus Zürich **1976** Neue Galerie der Stadt Linz **1978** Staatliche Kunsthalle Baden-Baden **1979** Neue Galerie der Stadt Linz · Hayward Gallery, London · Städtische Galerie im Lenbachhaus, München (Personale) · Kulturhaus der Stadt Graz (Personale) **1980** Josef-Haubrich-Kunsthalle, Köln (Personale) · Museum moderner Kunst Stiftung Ludwig Wien (Personale) · Bezirksamt Wedding, Berlin · Neue Galerie der Stadt Linz (Personale) · Kunsthalle Bremen · Collection de l'Art Brut, Lausanne (Personale) **1981** Kunstmuseum Düsseldorf · Collection de l'Art Brut, Lausanne · Kunsthalle Tübingen · Heidelberger Kunstverein · Neue Galerie der Stadt Linz **1982** Heidelberger Kunstverein **1983** Museum moderner Kunst Stiftung Ludwig Wien · Salzburger Landessammlungen **1984** Kunstamt Wedding, Berlin · Galerie Heike Curtze, Düsseldorf · Collection de l'Art Brut, Lausanne **1985** Neue Galerie – Staatliche und Städtische Kunstsammlungen, Kassel · Aargauer Kunsthaus, Aarau **1986** Rosa Esman Gallery, New York **1987** Galerie Chobot, Wien · L'Aracine, Neuilly sur Marne **1988** Kunsthaus St. Alban, Basel **1989** Stadtmuseum Oldenburg **1990** Bockley Gallery, Minneapolis · Hochschule für angewandte Kunst, Wien · Collection de l'Art Brut, Lausanne · Neue Galerie der Stadt Linz · Kunstmuseum des Kantons Thurgau, Kartause Ittingen · Galerie Susanne Zander, Köln · DuMont-Kunsthalle, Köln · Basellandschaftlicher Kunstverein, Sissach bei Basel · Parson School of Design, New York · NÖ Gesellschaft für Kunst und Kultur, Pulkau **1991** Galerie Susi Brunner, Zürich · Kunstwerkstatt Tulln · Galerie Chobot, Wien · Galerie Weidan, Schärding · Malmö Konsthall · Moore College of Art, Philadelphia · Galerie Heike Curtze, Wien · Österreichisches Kulturinstitut New York · Art Basel 91 – Galerie Heike Curtze, Wien · Galerie Susanne Zander, Köln · Galerie Altnöder, Salzburg · Art Cologne 91 – Galerie Heike Curtze, Wien · Art Cologne 91 – Galerie Susanne Zander, Köln (Personale) · Phyllis Kind Gallery, New York **1992** Galerie Heike Curtze, Düsseldorf · Phyllis Kind Gallery, Chicago · Southern Exposure Gallery, San Francisco · Cultur Centrum Wolkenstein, Stainach/Ennstal · Art Basel 92 – Galerie Zwirner, Köln · Neue Galerie am Landesmuseum Joanneum, Graz · Galerie Latal, Zürich · Galerie Susi Brunner, Zürich **1993** County Museum of Art, Los Angeles · Reina Sofia, Madrid · ACC, Weimar · Kunsthalle Basel · Amos Anderson Museum, Helsinki · Fondatione Galleria Gottardo, Lugano · Setagaya Art Museum, Tokyo · **1994** Outsider Art Fair New York – Galerie Heike Curtze, Wien; Galerie Susanne Zander, Köln · Galerie Rigassi, Bern **1994/1995** Museum de Stadshof, Zwolle **1995** Galerie Susi Brunner, Zürich · Outsider Art Fair, New York – Galerie Heike Curtze, Wien; Pyllis Kind Gallery, New York · Galerie Andreas Binder, München · Galerie Hamer, Amsterdam · Galerie Susanne Zander, Köln · Galerie Paradigma, Linz · Galerie Würthle, Wien **1996** Les Halles Saint-Pierre et le Musée d'Art Naïf Max Fourny, Paris · Gallery Janet Fleisher, Philadelphia · Outsider Art Fair, New York – Galerie Heike Curtze, Wien · Sammlung Essl im Künstlerhaus Wien · Museumsverein Landeck · Kunstverein Davos · Kunstwerkstatt Tulln · „Haus an der Teutoburger Straße", München · Museum für angewandte Kunst, Wien · Hunt Gallery, St. Louis · Setagaya Art Museum, Tokyo · Otsu City Museum of History, Nishinomiya City **1997** Kunsthaus Zürich · Städtische Galerie Göppingen · Museum moderner Kunst, Passau · Galerie Chobot, Wien **1997/1998** Shedhalle, St. Pölten **1998** Castello Visconteo, Museo Civici, Pavia · Palais des Beaux Arts de Bruxelles · Appartamento del Doge di Palazzo Ducale, Genua · Kunstwerkstatt Tulln · Garonne Art Festival, Le Bazacle, Toulouse · „Schlumper" Galerie, Hamburg **1999** Galerie der Stadt Aschaffenburg in der Jesuitenkirche · Sammlung Essl im Schömer-Haus, Klosterneuburg · Katholische Akademie, Hamburg · Galerie Altnöder, Salzburg **2000** Kunsthalle Krems · Museum Charlotte Zander, Bönnigheim **2001** Kunsthalle Krems (Personale) · Collection de l'Art Brut, Lausanne (Personale)

Bildnachweis

Die Herausgeber, die Kunsthalle Krems und der Verlag danken den folgenden Eigentümern der Kunstwerke und des Reproduktionsmaterials für die Zustimmung zur Vervielfältigung, Veröffentlichung und Verwertung im Rahmen des Kataloges. Besonderer Dank ergeht an die Erben von Johann Hauser.

ABCD, Paris: S. 171, 208
Archiv Haus der Künstler, Gugging: S. 14, 20 li., 25, 30, 31 u., 33, 34, 35, 36, 40, 49, 52, 53, 55, 56, 58 li. u. re., 60, 64, 65, 66, 70, 72, 75, 76, 78, 79, 81, 82, 83, 84, 107, 108, 109, 119, 122, 125, 130, 131, 132, 135, 138 o., 143, 165, 169, 170, 178, 182, 183, 186, 193, 194, 200, 205, 206, 207, 209, 210, 216, 217, 219, 220, 222, 225, 226
Lillian Birnbaum: S. 213
Collection de l'Art Brut, Lausanne: Foto Pierre Battistolo: S. 26, 29, 45, 62, 117; Foto Claude Bornaud: S. 8, 37, 63, 71, 113
Museum moderner Kunst Stiftung Ludwig Wien – Die Künstler aus Gugging, Sammlung Leo Navratil: Foto © MMKSLW / Lisa Rastl: S. 147
Leo Navratil: S. 20 re., 22
Neue Galerie der Stadt Linz: S. 27, 38, 39, 42, 144, 157, 160; Foto Studio Schepe: S. 156
Niederösterreichisches Landesmuseum, St. Pölten: Foto Peter Böttcher: S 80, 177, 185
Sammlung Essl, Klosterneuburg (© Fritz Schömer Ges.m.b.H. in Zusammenarbeit mit der Sammlung Essl Privatstiftung): S. 51, 112, 161, 166, 198, 211, 223
Städtische Galerie im Lenbachhaus, München: S. 48

Folgende Fotografien stammen von Lui Dimanche:
Johann Hauser, 1971: S. 2, 7, 85, 99, 100, 101, 102, 148, 212, 215, 229, 230
Johann Hauser, 1984: S. 232, 233 u.
Fahne des Hauses der Künstler, Gugging, 1984: S. 233 o.

Da, wo die Fotografen nicht explizit genannt sind, geschah es mit deren ausdrücklichem Einverständnis.
Der Verlag und die Herausgeber haben sich bemüht, bei allen Abbildungen die Fotografen zu eruieren. In jenen Fällen, in denen diese nicht eindeutig eruiert werden konnten, bleiben berechtigte Ansprüche gewahrt. Der Verlag und die Herausgeber erklären sich bereit, aufgrund der Publikation angemeldete Rechte, soweit erforderlich, nachträglich in entsprechender Weise abzugelten.

Besonderer Dank gebührt Dkfm. Heinz Kammerer, dem bedeutendsten Sammler der Arbeiten von Johann Hauser, die er großzügig für die Ausstellung zur Verfügung gestellt hat.

Die Sammlung Kammerers mit ihren zahlreichen Hauptwerken aus allen wichtigen Schaffensphasen Johann Hausers bildet das Herzstück der Ausstellung, ergänzt durch Leihgaben aus österreichischen und internationalen Museen und Privatbesitz. Dadurch war es möglich, nach mehr als 20 Jahren das Lebenswerk Johann Hausers retrospektiv in einer Breite und Tiefe zu zeigen, wie es bisher nicht möglich war.

Das konsequente sammlerische Engagement Heinz Kammerers, der seit den frühen siebziger Jahren den Künstlern Guggings freundschaftlich verbunden ist, verdient größte Anerkennung. Eine Verbundenheit, die die persönliche Betreuung Johann Hausers und anderer Künstler genauso einschließt wie den großzügigen Ankauf von Vorzugsausgaben des Hauser-Kataloges und des Walla-Buches oder die Übernahme der Produktionskosten für das wichtige Filmdokument über Johann Hauser *Der Künstler bin ich* des Schweizer Regisseurs und Filmemachers Heinz Bütler.

Heinz Kammerer ist Entdecker, Sammler, Mäzen und familiärer Freund der Künstler Guggings. In einem Gedicht von Ernst Herbeck für Heinz Kammerer, „Sonne im Herbst", wird dieser Freundschaft ein berührendes Denkmal gesetzt.

Sonne im Herbst
leuchtendes Gold
mögliche Natur in Farben
absterbendes Grün
in Milde im Herbst
Tag für Tag ändert sich der Tag
und wird karg zur Winter-
sonne nur das Leuchten eben da.

Wir danken allen Leihgebern, die die Johann Hauser-Ausstellung der Kunsthalle Krems und der Collection de l'Art Brut, Lausanne tatkräftig unterstützt haben.

ABCD, Paris
Collection de l'Art Brut, Lausanne
Lui Dimanche, Wien
Erzb. Dom- u. Diözesanmuseum – Sammlung Msgr. Otto Maurer, Wien
Galerie Altnöder, Salzburg
Galerie Kunst und Handel, Graz
G. Sommer, Graz
Museum moderner Kunst Stiftung Ludwig Wien, Wien
Neue Galerie der Stadt Linz, Linz
Niederösterreichisches Landesmuseum, St. Pölten
Peter Infeld, Wien
Ph. Konzett
Privatsammlung Heinz Kammerer, Wien
Privatsammlung Heller
Sammlung Essl – Fritz Schömer Ges.m.b.H., Klosterneuburg/Wien
Sammlung Freyer, Berlin
Sammlung Günter Rombold, Linz
Sammlung Heike Curtze
Sammlung Helmut Zambo, Badenweiler – Wien
Sammlung Karin und Dr. G. Dammann, München
Sammlung Hannah Rieger, Wien
Sammlung Rudolf Leopold, Wien
Sammlung Rolf Röthlisberger, Davos
Klaus Peter Sattler, Wien
Städtische Galerie im Lenbachhaus, München
Tizi und Harry Neubauer, Wien

sowie weitere Privatsammlungen aus Österreich, Deutschland und England.